1684

Darmanson, Jean-Marie

La bête transformée en machine, divisée en deux dissertations prononcées à Amsterdam

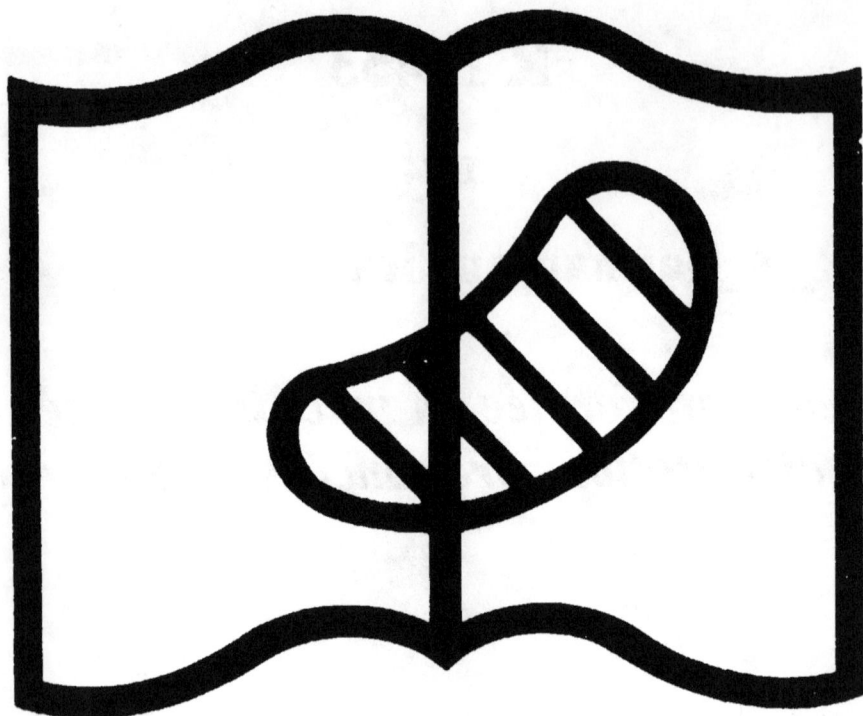

Symbole applicable
pour tout, ou partie
des documents microfilmés

Original illisible

NF Z 43-120-10

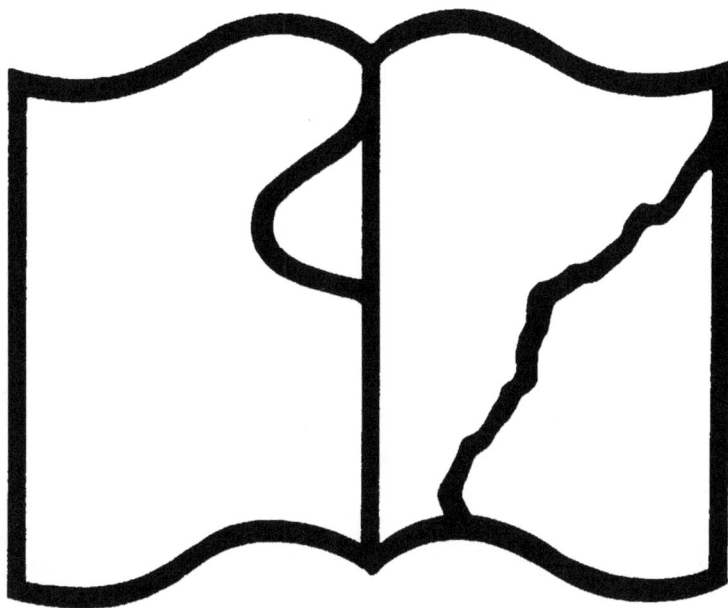

Symbole applicable
pour tout, ou partie
des documents microfilmés

Texte détérioré — reliure défectueuse

NF Z 43-120-11

M.D.C.LXXXIV.

LA BESTE
TRANSFORMÉE
EN
MACHINE

Divisée en deux Differtations prononcées à Amfterdam,

PAR
J. DARMANSON,

Dans ses Conferences Philoso-
phiques.

Anima eorum in sanguine. Levit. 17.

Suivant la Copie
IMPRIMÉE.

M DC LXXXIV.

APPROBATIO.

FAcultas Theologica quæ est Franekeræ examinavit Tractatum Gallicum dictum *La Bête Transformée en Machine, Conference premiere*, nihil que in ea offendit, quod ulli Dogmati in formulis confessus expresso adversetur; quapropter edi potest convenienter Belgicarum Ecclesiarum legibus. Franekeræ Frisiorum X Kal VIII Ann. CIↃIↃC XXCIII.

Jussu Facultatis

S. S. T. D. & P. V. D. M.
Acad. & Sereniss' Nassaviæ
Principia Sanctioribus Consiliis.

PREMIERE CONFERENCE.

Les defordres de L'opinion commune qui
admet dans la Bête une Ame ca-
pable de connoiffance & de
Paffions.

JE vous demande excufe de ma liberté, Meffieurs, fi j'ay ofé vous fupplier de vouloir honnorer ce dif-cours de voftre prefence. Je vous prie d'eftre perfuadez que cette liberté n'eft pas une production de ma vanité ; mais un effet de ma complai-fance pour les Meffieurs qui me font l'honneur d'affifter à mes conferences privées. Ils ont jugé que celle-cy trait-toit une matiere affez curieufe, affez im-portante & d'une maniere affez folide, pour meriter une attention publique, & quoy-qu'elle combattit les fentimens prêque de tous les hommes (en l'op-pofant à l'opinion commune touchant la connoiffance & les paffions qu'on attribuë aux Bêtes, & foutenant qu'el-le fert de fondement aux erreurs les

A 3.   plus

plus impiës & les plus libertines, &
que toutes leurs operations ne se font
pas des mouvemens purement méca-
niques,) que ses Conclusions cependant ne manqueront pas d'attirer les ap-
plaudissemens de la pieté des sçavans,
aussi bien que de leur raison ; appellant à
son secours tout ce que la Theologie a
de plus saint, & tout ce que la Philosophie à de plus clair, de plus solide &
de plus demonstratif.

Je sçay que prêque tout le monde
me dira d'abord qu'il est étonnant que
l'erreur de ceux qui sont d'opinion contraire à la nostre ait attiré à son party
la croiance de tous les siecles & le sentiment de tous les Grands hommes qui
ont précedé Monsr. Descartes : Mais
la durée, non plus que l'étenduë de cette erreur ne sont pas plus dignes d'éton-
nement que le peché qui en est le principe : il a commencé prêque avec le
monde, il a repandu sa contagion sur
tous les hommes, & son infection &
son Empire ne cesseront jamais, si long-

temps

temps qu'il y aura des hommes fur la terre qui feront toûjours la proie pitoiable de fa tyranie & de fa violence.

Depuis le peché la verité n'eft pas plus commune dans l'ordre des chofes fpirituëlles que les piereries & les precieux mètaux dans l'ordre des fubftances corporelles ; on dit d'ordinaire que la nature en eft avare ; elle ne nous les diftribuë qu'en tres-petite quantité, encore aprés avoir exigé de nous des travaux inconcevables. Combien de temps fommes nous demeurés dans l'ignorance du nouveau monde, qui eft cependant un des plus riches païs de la Terre. Il eft vray qu'un Philofophe affura autre fois qu'il y avoit des Antipodes; mais fon opinion ne fubfifta pas long-temps , elle fût étouffée dés fa naiffance, elle attira auffi-toft fur elle les foudres du Vatican : Et les Papes qui fe flattent orgueuilleufement du privilege d'infaillibilité, auffi bien que de celuy de pouvoir prefcrire des loix à la croyance de tous les peuples, fulminerent Ana-

thé-

PREFACE.

thême contre tous ceuxqui oseroient ad-
herer à ses sentimens. Mais si nous avons
découvert la vanité de leurs titres or-
gueuilleux avec la découverte de ce beau
païs qui a si fort enrichi les nostres ; il
est vray que nous ne le depouillons de ses
thrésors qu'aux depends d'une infinité
de travaux : Il nous faut exposer à la dis-
crétion des orages & des tempêtes, il
nous faut descendre dans les entrailles
de la terre avec des fatigues inconcevar-
bles, ensorte qu'elles ont déja couté la
vie de plusieurs millions de personnes,
Les perles qu'il nous fournit ne nous
coûtent pas moins de peine , il faut les
chercher dans le fond des eaux & dans
les abîmes de la mer , en un mot tout ce
qui est excellent est fort rare & coûte
beaucoup *quod rarum carum.*

Cessons donc de nous étonner Messrs.
si la verité qui est le diamant , la perle
& l'or du monde spirituël est si rare &
si difficile à découvrir, & si une infinité de personnes suivent les routes de
l'erreur, pendant qu'un tres-petit nombre

bre de gens découvrent le sentier de la
vérité dans les sciences spéculatives aussi
bien que dans celles qui toûchent la mo-
rale. Est ce que celles-là , qui n'ont sou-
vant que la curiosité pour principe auront plus de privileges que celles-cy ,
desquelles d'epend l'éternité de nostre
bon-heur ou de nostre mal-heur ; si nous
consultons l'Euangile nous serons convaincus par l'infaillibilité de ses Oracles,
que le mensonge à bien plus de parti-
sans que la vérité n'a de sectateurs; que
la voie que nous devons suivre pour la
découvrir est fort difficile & fort étroit-
te: que peu de personnes y entrent &
qu'aucontraire, celle du mensonge estant
fort spaciéuse & fort aisée la plus part du
monde la suivent aveuglement , attirez
par les seuls attraits de la volupté & du
plaisir. Si nous remontons jusqu'à Moy-
se, nous verrons encore la vérité bien
plus maltraittée que du temps de Jesus
Christ; Car elle estoit pour lors entierement banie de la terre & effacée du
cœur des hommes, & pour l'y rétablir

il en-

PREFACE.

il en coûta beaucoup de peines & de travaux à ce Prophete : Il falut qu'il le feparât de la foulle du peuple, qu'il montât fur le fommet d'une montagne d'un accés tres-difficile & qu'il fe difposât par des prieres, des jeûnes & des macerations tres-rigoureufes à obtenir cette grace de Dieu.

C'eft dans un eftat femblable que nous avons trouvé la Philofophie, de nôtre temps; car que devons nous attendre de celle qui établit pour principe de connoiffances la plus corrompuë de toutes les maximes, en ofant avancer, avec autant daffûrance que de fauffeté, comme un premier principe connu par luy-même & inconteftable, qu'il n'y a rien dans nôtre entendement, qui n'ait auparavant paffé par nos fens : *nihil eft in intellectu quod non præfuerit in fenfu* : condamnant ainfi, noftre Efprit & toutes nos connoiffances à une captivité honteufe fous la tyrannie des fens trompeurs. Les illufions & le danger de ce faux principe ont fait le fujet d'un

de

PREFACE.

de mes entretiens, c'eſt pour quoy je
n'en dis rien icy davantage. Ce n'eſt
donc pas Mrs. en ſuivant la trouppe
du commun des Philoſophes qui n'ont
point d'autres raiſons pour nous enga-
ger à les ſuivre que l'ancienneté & le
droit d'aineſſe qui ne peuvent nous pré-
ſcrire aucun devoir dans les Sciences naturelles; mais en marchant ſur les pas
du Reſtaurateur de la Philoſophie & du
Genie de la Nature, je veux dire de
Monſr. Deſcartes, qui s'eſt juſtement
merité ces tîtres glorieux en ſe dega-
geant de la foulle des opinions commu-
nes, & nous monſtrant les veritables
ſentiers que nous devons ſuivre pour
parvenir à l'heureuſe découverte de la
vérité. C'eſt dis-je ſur ſes principes que
je prétends appuyer la vérité de ce diſ-
cours & vous demonſtrer.

Premierement l'erreur & le danger
de l'opinion commune qui admet une
Ame dans les Beſtes capable de connoiſſance & de toutes les paſſions qu'elle
leur attribuë.

A 6   Secon-

Secondement établit la vérité des sentimens contraires qui les prive de toute sorte de connoissances & de passions & ne reconnoit point d'autre principe de toutes leurs operations selon que l'Ecriture Ste. nous leprêscrit que les diverses agitations de leur sang, *Anima eorum in sanguine* ; Ce que je feray voir d'une maniere si évidente & si, Chrêtienne, que j'espere que vous accorderez sans repugnance l'honneur de voltre approbation aux Conclusions de cette Conferance.

PREMIERE PARTIE.

Danger de l'opinion Commune.

C'eſt un ſentiment ſi univerſellement receû parmy tous les Chrêtiens, que l'Exiſtance d'un Dieu ou d'un. Eſtre infiniment parfait, & l'Immortalité de nôtre Ame ſont les fondemens ſi neceſſaires de la veritable Religion, que s'il ſe trouve quelque impie qui oſe en douter, il eſt avec beaucoup de raiſons en horreur à tout le monde. Car ce ſont les deux poles qui la ſoutiennent & ſur leſquels elle roule, d'où ſi l'un ou l'autre vient à échapper, Adieu tout eſt dans le deſordre & elle eſt dans un danger évident de ſa ruine. Ces véritez ſervent d'eguille & de gouvernail à ſa navigation; ſi elle vient à les perdre, elle eſt expoſée au gré des vents & des tempeſtes, elle ne peut plus ſe deffendre des rochers & des écueils, & elle n'a plus devant

les

les yeux que le defefpoir d'un naufrage inévitable.

Pour donc reüffir dans le deffein que j'entreprend de ruïner l'opinion commune toûchant la connoiffance des Bêtes, je ne puis me fervir d'un moyen plus efficace qu'en demonftrant que cette erreur entraine après elle, par des conféquances claires & evidentes, ces deux conclufions terrifiantes, & dont l'horreur eft capable de faire trembler tous ceux qui ont quelque fentiment de piété.

La premiere eft. Que fi la Bête eft capable de connoiffance & de paffions, il n'y a point de Dieu.

La feconde eft, que fi l'Ame de la Bête eft mortelle, la nôtre n'eft pas immortelle.

Ce n'eft pas que l'on puiffe conclure Mrs. que ceux qui font de l'opinion commune touchant la connoiffance des Bêtes puiffent eftre foubçonnez d'eftre infeclez de ces pernicieufes conféquances car il y a bien de la difference entre

tre admettre un principe & eftre fauteur
de toutes les conclufions erronées que
l'on en peut tirer : mais au refte la vérité
n'eft pas contraire à elle même, elle ne
peut fervir, de fondement au menfon-
ge, & c'eft un témoignage afféuré de la
fauffeté d'une opinion lors qu'elle nous
entraine par des confequances neceffaires dans l'abîme de l'impieté & dans le
precipice des plus grandes erreurs.

La neceffité de l'exiftence d'un Dieu
& d'un Eftre fouverainement parfait à
fait la matiere d'une de mes Conferan-
ces : je croy y avoir établi demonftra-
tivement cette vérité par les liaifons neceffaires que j'ay fait voir qu'elle avoit
avec ces autres véritez inconteftables
    Que de rien on ne peut rien faire :
    Qu'un effet doit avoir une caufe qui
      le contienne formellement ou
      éminemment.

Entant que nous ne pouvons découvrir
que dans Dieu même la caufe de l'idée
& de la Connoiffance que nous en avons,
& qui eft commune à toutes les fubftance

ces intelligentes comme je l'ay démontré ailleurs.

s'Il est donc véritable que Dieu soit
un Estre qui possede necessairement dans
un degré souverain toutes les perfections infinies, en sorte que l'on n'y
peut rien diminuer n'y adjoûter sans le
detruire, il faut conclure que l'opinion,
commune qui admet dans les Bêtes une
Ame capable de connoissance & de
toutes les passions qu'elle leur attribuë,
nous faisant

      * Premierement un Dieu sans un
        amour & sans un Zele infiny.
        de sa Gloire.

    Secondement un Dieu inconstant
      & sans sagesse.

    Troisiemement un Dieu cruel &
      sans justice.

Détruit par consequant cet Estre infiny
c'est ce qu'il faut vous faire voir.

C'est un sentiment commun à la
Philosophie comme à la Theologie :
Que Dieu se connoist & s'aime infiniment
par.

* Subdivision du premiere membre.

par la necefsité de son Eftre. C'eft là le fondement de tous nos myfteres , je veux dire, de celuy de l'adorable Trinité , de l'Incarnation du Verbe , de la Création du monde & de l'economie de toute la Religion.

l'Entendement de Dieu eft d'une capacité infinie , il doit necefsairement avoir un objet proportionné à l'inmenfité de cette êtenduë; Il ne peut rien trouver hors de fes propres perfections qui puifse y répondre : & entant qu'il les confideré : il en engendre necefsairement un térme fubfiftant, un fils un verbe & une perfonne en tout femblable à luy-même.

Ce Dieu en toutes chofes infini ; ayant une volonté d'une êtenduë qui n'eft pas moins vafte que fon Entendement : il n'y a que fon fils qui puifse fournier un digne exercice à la capacité infinie de fon amour & en remplir l'etenduë, puis qu'il eft l'Image achevée , le miroir éclatant & la fplendeur Eternelle de fes perfections infinies :

nies : * Et entant que ce fils bien aimé aime également celuy de qui il reçoit l'Excellence de fon Eftre, De cet A-mour reciproque de ces deux Adorables. perfonnes, il procede aufly neceffaire-ment un troifieme terme fubfiftant & un St. Efprit qui par fa proceffion divine fert de complement à cet adorable myftere.

Il eft donc auffi neceffaire que Dieu fe connoiffe & s'aime infiniment, qu'il eft neceffaire quil y ait trois Perfonnes en Dieu que les termes fubfiftans de cette Connoiffance & de cet Amour.

Il eft donc evident, par une neceffité de conféquance auffi infaillible que fon principe, qu'il ne peut avoir d'autre objet de fes operations, que celuy de-fa propre Gloire. C'eft auffi-là le motif de tous fes deffeins & qui donne le-branle à tous les ouvrages : C'eft pour-quoy voulant fe procurer un honneur parfaitement digne de fa Grandeur, je veux dire une Gloire infinie, & confult-ant fa fageffe fur l'accompliffement de

fes

* proceffion du St. Efprit.

fes defirs : cette Divine fageffe remplie
d'amour pour celuy dont elle reçoit l'E-
ftre par une Génération Eternelle, ne
voyant rien dans toutes les Creatures.
poffibles , dont elle renferme toutes les
idées intelligibles qui foit digne de la Ma-
jefté de fon Pere, s'offre elle-même
pour établir en fon honneur un culte
Eternel, & comme Souverain preftre
luy offre une victime qui par la dignité
infinie de fa perfonne eft capable de fatisfaire aux inclinations de fa Gloire.
Mais comme l'abaiffement eft contraire.
à fa nature, eftant en tout efgal à fon
Pere, il a befoin de s'unir à une créature
pour accomplir ce grand ouvrage qu'il
prepare à fa gloire : Voila Mrs. le
veritable motif qui l'oblige à créer le
monde & à le tirer des abimes du néant.
C'eft auffi pour cette raifon que Jefus-
Chrift, quoy que né dans la plenitude
des temps eft cependant appellé l'ainé
des créatures ; & fi ce monde a efté
créé long temps auparavant fa génération temporelle , c'eft que Dieu devoit
prêpa-

prêparer un Temple à l'immolation de cette sacrée victime, & ce n'est qu'en veuë de la gloire infinie qui luy en reviendra qu'il se determine à créer ce grand ouvrage : car quoy qu'il soit fort admirable en luy-même, si vous le separez de Jesus-Christ, il ne peut répondre à la Majesté de l'action qui le produit : Car c'est l'action d'un Dieu, son merite est donc par consequant d'une dignité infinie : Mais si vous joignez Jesus-Christ à son Eglise & l'Eglise au reste du monde dont elle est tirée, vous eleverez pour lors à la grandeur de Dieu un Temple digne de la Majesté de son Auteur.

Ayant ainsi établi sur des principes si saincts & si sacrez la grandeur de l'amour que Dieu à pour luy-même & le zele de son honneur & de sa Gloire : il est facile de faire paroistre le desordre de l'opinion commune qui admet dans les Bestes une Ame capable de connoissance & d'amour. Elle dit, par exemple, qu'un chien connoit son maitre,

qu'il

qu'il aime son maitre , qu'il aime le boire , le manger & tout ce qui peut servir à sa conservation & cependant cette Ame capable de connoissance & d'amour, ne connoist pas son Dieu, elle n'aime pas son Dieu.

Ou bien cette Ame est dans l'ordre ou bien elle est dans le desordre : elle n'est pas dans le desordre puis qu'elle est telle qu'elle est sortie des mains de Dieu, donc elle est dans l'ordre ; donc Dieu la dispense des loix de sa connoissance & de son amour, donc Dieu ne s'aime pas necessairement d'un amour infini, & n'a pas un Zele infini de sa gloire qui ne luy permettroit pas de telle dispense : poussons ce raisonnement & faisons en voir l'evidence.

C'est le sentiment commun de toute la Théologie fondée sur les principes que j'ay établis cy-dessus, que Dieu ne peut nous permettre le peché non plus que nous dispenser des loix de son a-mour ? Mais qu'est-ce que le peché, ce n'est rien autre chose que l'amour de

la

la creature à l'exclusion de l'amour d[u]
Createur : *Est aversio à Deo & conversi[o]
ad Creaturam* : Ou selon St. Augustin, le peché est le desordre que nou[s]
commettons lors que nous voulons établir nostre felicité & nostre bonheu[r]
dans la possession des creatures qui n[e]
doivent nous servir que pour nous conduire à Dieu, & nous servir de Die[u]
tout au contraire pour parvenir à la possession des creatures, *Est uti fruendis &*
frui utendis. Vous appercevez san[s]
doute, Mrs. que l'opinion commun[e]
veut que Dieu permette à la Beste innocente tout ce qu'il est obligé de nou[s]
deffendre par la necessité des loix d[e]
son amour : Il leur est permy de ne re-
chercher que la creature, de n'aimer qu[e]
leur corps & tout ce qui sert à son a[d]-
vantage ; il leur est permis de n'aime[r]
que le boire, le manger, le dormir &
de ne craindre que ce qui peut les en pri-
ver ; enfin il leur est permy de faire servir Dieu à leurs plaisirs & à la passio[n]
qu'ils ont de parvenir à la joüissance de[s]
                                    crea[-]

creatures & d'y conſtituer toute leur felicité & leur bonheur , ce qui fait cependant tout le deſordre de la creature rai-
ſonnable; *peccatum eſt uti fruendis & frui*
utendis; Les créatures doivent nous ſervir de moyens pour parvenir à la poſſeſſion du Createur , & nous nous ſervons
du Createur tout au contraire pour nous
acquerir la poſſeſſion des creatures , voila le peché , voila le deſordre , *pecca-*
tum eſt uti fruendis & frui utendis; Ces
loix ne ſont point pour la Beſte , elle
peut ſe ſoumettre innocemment à la
loy de ſes membres que St. Paul dê-
teſtoit dans les ſiens , & qui luy faiſoit
dire en gemiſſant , je reſſens une loy
dans mes membres qui s'oppoſe à la loy
de mon Eſprit & qui fait effort pour me
rendre eſclave ſous la Tirannie du peché
On peut dire d'elles dans l'eſtat de leur
innocence ce que l'Ecriture repoche
aux impies & aux libertins dans leurs de-
bauches qu'ils font leur Dieu de leur
vente , *quorum Deus venter eſt.*

  Si cela eſt véritable , Mrs. il faut
            dire

dire adieu à toutes les raisons dont l'E-
glise s'est toûjours servië pour prouver
le peché originel; la corruption de la
nature par la concupiscence & la necefsité d'un Mediateur, puis qu'il se peut
faire que nôtre nature n'est pas dans le
desordre, Dieu ayant pu la créer en l'e-
stat où nous la voions : Donc Dieu
peut nous dispenser des loix de son a-
mour & nous permettre le peché; Donc
il ne s'aime pas necessairement d'un
amour infini qui ne luy permettroit pas
cette dispense ; Donc le Mystere de la
Trinité fondé sur ce principe , n'est
qu'illusion & phantome ; Donc Jesus-
Christ peut passer pour un imposteur ,
& l'Ecriture saincte pour un paradoxe ?
Ah sans doute que ces consequances ti-
rées necessairement de l'opinion commune touchant la connoissance des Bestes vous font horreur, ayez donc horreur de leur principe qui vous y entraine par des consequances necessaires.

Je m'apperçois bien de la réponse
que l'on nous fera aussitost; on nous-di-

ra sans-doute que nous allons trop vîte
& qu'il y a bien de la difference entre
l'ame d'un homme & celle , d'une
Bête , que celle d'un homme est
d'une capacité bien plus vaste & plus
étenduë, qu'elle a esté créez à l'image
de Dieu, capable de le connoître, de
l'aimer & de le posseder ; mais que l'ame
de la bête ne luy à esté donnée que pour
veiller au gouvernement & à la conservation de son corps , c'est pourquoy elle
est mortelle & périt avec celuy pour la
seule conservation duquel elle subsistoit.
C'est icy où je les attends , Messieurs
Abissus abissum invocat, un Abime appelle un autre. abime à son secours, se
voulant tirer d'un precipice, ils retom-
bent necessairement dans un autre: ils
veulent par cette réponse restituer à
Dieu l'amour & la gloire qu'ils luy ont
ôtée, & ils luy dérobent sa sagesse infinie qui éclatte d'une maniere admirable dans le gouvernement des creatures,
en y introduisant le plus grand de tous
les desordres.

B   Ils

Ils tombent d'accord que l'Ame d'une Bête est plus noble que le **corps** qu'elle anime, & ils ont raison, supposé qu'elle en ait une, & St. Augustin a sujet d'avancer comme il fait dans plusieurs endroits de ses ouvrages, que l'Ame de la moindre de toutes les Bêtes est plus excellente que le plus noble de tous les corps, puis que la raison démontré que le corps ne peut n'y connoître ny aimer, & que la douleur, la joye, la tristesse ne peuvent estre des modifications des corps. L'Ame d'une Bête qui est susceptible de connoissance d'amour, de haine de joye, de tristeste, de plaisir, de douleur, n'est donc point un corps: mais une substance plus noble que le corps qu'elle anime ; elle n'est cependant crée que pour son corps ; Dieu par conséquant introduit le desordre dans la nature, en faisant le plus noble pour le moins noble, l'ame d'une Bête, selon leur sentiment n'ayant point d'autre fin, n'y d'autre felicité, que la joüissance des plaisirs du corps

avec

avec lequel elle périt & eſt annéantie.

Je voudrois bien ſçavoir quel ſentiment ces Mrs. auroient de la conduitte
de Dieu, ſi dans la premiere inſtitution
des choſes & avant le dereglement de la
nature humaine par le peché, il avoit
ſoûmis l'homme à la Bête avec autant
de dependance, qu'ils veullent que l'a-
me d'une Bête en ait pour ſon corps,
enſorte, qu'une Bête venant à mourir,
l'homme qui auroit eſté deſtiné à ſa
conſervation & à ſon ſervice periroit en
même temps & ſeroit annéanti, comme on veut que l'ame d'une Bête le ſoit
lors que ſon corps vient à mourir.
Sans doute qu'ils n'approuveroient pas
cette conduitte, & ce ne ſeroit pas
ſans fondement qu'ils reprocheroient
à Dieu, qu'une diſpoſition ſemblable
peche contre les loix d'une ſageſſe infinie : Mais qu'ils prennent garde que la
diſtance qu'il y a entre la dignité de l'a-
me d'une Bête & la baſſeſſe de ſon
corps, eſt bien plus conſiderable que
B 2 celle

celle qui se retrouve entre l'homme &
la Bête puis qu'ils avoüent qu'il y a beaucoup de rapport entre l'ame des Bêtes,
& celle des hommes, mais entre une
ame & un corps il n'y en a aucun, comme je le feray voir plus bas; & ainsi la
sagesse de Dieu ne seroit pas moins ré-
prehensible en faisant dependre l'ame
d'une Bête de son corps, qu'en sou-
mettant l'homme dans l'état d'innocence à l'ame d'une Bête.

s'Il estoit véritable qu'une Bête eut
une Ame qui dependît entierement de
son corps, il se pourroit faire que les
Pelagiens auroient eu raison de soutenir
que la nature n'est pas corrompuë par
le peché, que la concupiscence qui sou-
met nôtre Esprit à nôtre corps est naturelle, qu'il n'y a point de peché originel, & que nous pouvons par consequant couller une vie licentieuse & li-
bertine, dans les plaisirs & les delices,
& renverser ainsi tout le dessein de l'E-
vangile(qui est d'établir une vie morti-
fiée & penitente, & desarmer ainsi l'E-
glise

glife de la plus puiffante de toutes les raifons qu'elle apporte pour prouver la
propagation du peché originel & la
necellité d'un Mediateur entre Dieu &
les hommes, puis qu'elle l'emprunte de
cette doctrine ? quoi qu'elle ait toûjours
efté efficace dans la bouche & dans les
écrits de St. Auguftin pour triompher
de ces Hérétiques & de tous leurs Sectateurs.

Et que l'on ne nous dife point pour
guérir ces defordres, que l'on introduit
dans la nature en admettant une Ame
dans les Bêtes. Que tout les animaux
ont efté créez pour l'homme qui eft
beaucoup plus excellent, & que Dieu ne
leur a donné une Ame qu'entant qu'elles ont rapport à luy. Cette penfée
dans le fens qu'on luy donne eft ridicule, & ne peut partir que d'un grand fond
d'ignorance ou de vanité ? Ne fçait on
pas qu'il y a un grand nombre d'animaux
qui ne nous rendent aucun fervice, &
qui par leur petitefle fe derobent entierement à nôtre veuë, & qu'il y en a

B 3. beau-

beaucoup plus de cette nature que d'autres.

Mais je veux que tous les animaux ayent esté créez pour l'homme, est-il absolument necessaire de leur donner une Ame pour en pouvoir tirer du service ? Si j'ay besoin d'un Cheval pour me porter ou pour labourer la terre, ce n'est pas son Ame qui me porte, n'y qui laboure c'est son corps ; si je mange d'un chapon, ce n'est pas son ame qui me nourrit c'est son corps ; si donc les animaux peuvent faire toutes ces choses sans Ame, comme nous le montrerons cy-après, à quoy bon leur en donner une, *frustra fit per plura quod potest fieri per pauciora* ; car il est de la sagesse de Dieu de ne rien faire d'inutile dans la nature, & de ne pas sacrifier au service du corps de l'homme les Ames d'une infinité d'animaux, qui sont beaucoup plus excellentes que les plus nobles de tous les corps.

Ce seroit faire injure à la puissance infinie de Dieu, de luy disputer le pouvoir.

voir de créer des Bêtes fans Ame qui cependant agiront de la même maniere que les autres à qui l'on veut en donner : il eft certain qu'il agiroit pour lors d'une maniere plus fimple & par confequent plus conforme à fa fageffe infinie. Nous pouvons donc conclure qu'il les a toutes faites de la forte n'ayant aucun fondement raifonnable de croire qu'il leur ait donné une Ame; tout ce que l'on en dit n'eftant fondé que fur de faux préjugez; Que diriez vous d'une perfonne qui n'ayant aucun autre deffein que d'aller d'icy à Paris pafferoit par le Dannemarck s'eloigneroit ainfi de trois à quatre cens Lieuës de fon droit chemin ; D'une perfonne qui n'ayant befoin que de trois à quatre aûnes d'etoffe pour fe faire un habit, en emploieroit 9 ou 10. & dont la fuperfluité ne feroit que l'ambaraffer & le faire paffer pour ridicule. L'on fait agir Dieu d'une maniere auffi deraifonnable, quand on veut qu'il ait donné une Ame aux Bêtes pour mouvoir leur corps qui ne fert quà émpecher la facili-

B 4.   té que

té que nous avons de rendre raifon de toutes leurs operations fans avoir recours à autre chofe qu'aux diverfes agitations de leur fang.

Le fyftême de Ptolomée à paru deraifonnable à ceux qui ont honnoré mes Conferences Phyfiques de leur prefance; leur faifant voir que cet Aftronome pour ne donner aucune atteinte au repos de la Terre qu'il luy plaît de placer au centre du monde, rendant cependant raifon de la viciffitude & de la difference des jours & des nuits, des climats, des faifons & des diverfes apparences des Aftres, il nous fait une fuppofition qui non feulement eft contraire à l'experience ; mais qui detruit Neceffairement par elle même tout ce qu'il prétend établir. Il fuppofe des Cieux de libration & de Trépidation ; que le premier quoy que d'une etenduë fi énorme que la Terre à fon égard n'eft qu'un point, acheve cependant en 24 heures fon cours autours de cette Terre d'Orient en Occident, emportant avec foy

par

par la rapidité d'un mouvement épou-
vantable toutes les spheres inferieures,
excepté celles des planettes, lesquelles
quoy que beaucoup moindres en mouvement & en grandeur, se meuvent
d'Occident en Orient, & que nostre
Terre demeure immobile au milieu de
tous ces mouvemens quoy qu'environ-
née de tous côtez par un Element tres-
fluide qui doit necessairement suivre le
cours de la matiere superieure : Et tout
cela sans en pouvoir donner aucune raison, ensorte qu'il est obligé d'avoir recours à des Intelligences, desquelles il
n'a pas sans-doute mieux compris la nature que celle du mouvement, & dont
les regles tres-simples combatent entierement ce systeme.

L'on agit d'une maniere aussi ridicule
que ce Philosophe lors que pour expliquer les actions & les mouvemens des
Bêtes, on a recours à une à laquelle
nous n'accorderons jamais le pouvoir de
mouvoir un corps par elle même, si
nous en comprenons bien la nature,

aussi-

aussi bien que celle du corps, & il est bien plus difficile d'expliquer comment un corps se meut par le moyen d'une Ame, que de l'expliquer séparement de cette Ame.

Sans-doute que le système duquel nous nous sommes servi pour expliquer la formation du monde, des Cieux de la Terre, des Astres, de leurs mouvemens, & de tous les Phénomenes de la nature vous a paru beaucoup plus raisonnable que l'ancien, parce qu'il est beaucoup plus simple, plus intelligible, & plus facile, & par conséquant plus conforme à la sagesse infinie de Dieu qui la crée, & qui est d'autant plus admirable, que par des moyens plus simples, Elle fait des choses plus merveilleuses.

Pourquoy donc voulons-nous que Dieu pour faire mouvoir un corps qui peut facilement se mouvoir par luy-même, luy ait donné une Ame, qu'il sera obligé de détruire & d'anéantir avec la destruction de son corps, pourroit le faire accuser d'inconstance, les lumie-

res de la fageffe ne luy permettant pas de
femblables annéantiffemens ; auffi bien
que d'injuftice & de cruauté, fi l'opinion
commune eftoit véritable, qui veut que
les Bèftes foient capable de douleur.

Sans-doute que l'on n'a pas bien exa-
miné n'y compris les fuittes , ny les
confequances de ce grand principe de
Théologie :

> Que fous un Dieu Jufte , perfonne
> ne peut eftre miferable fans l'a-
> voir merité.

C'eft fur ce fondement inébranlable
que-l'on établit la vérité de quelques-
uns des principaux Myfteres de la Religion ; mais qui tombent abfolument
en ruïne , fi la Bête eft capable de douleur ; puifque cette opinion entraine
neceffairement aprés foy , la fauffeté de
ce principe. Car fi elles font capables
de douleur , elles peuvent eftre mal-
heureufes & elles font inégalement mal-
heureufes quoyqu'elles foient également
innocentes , puifque n'ayant point de
liberté , elles ne peuvent en faire un

B 6. mau-

mauvais ufage. Encore trouveroit-on le
moyen d'exemter Dieu de cruauté &
d'injuftice à leur égard, fi elles avoient
quelque recompenfe à attendre aprés
leur mort, pour les maux qu'elles auroient foufert en cette vie. Mais Helas !
La mort ferme la porte à toutes leurs ef-
perances, les privant de fa vie de leur
Ame auffi bien que de celle de leur corps.
Elles y perdent toutes chofes, malgré
toute leur innocence, les peines & les
travaux qu'elles ont enduré pendant tous
les momens de leur vie? Ah, mon Dieu !
que ces fentimens font cruels & derai-
fonnables. ô qu'ils font injurieux à voftre
juftice & à vôftre bonté infinie ! qu'ils
vous deplaifent dans le cœur de ceux que
vous comblez à tous momens de vos
bien faits, & à qui par les pures effets
d'une bonté gratuite & d'une mifericorde infinie vous promettez la poffeffion
de la Gloire, quoy que par l'enormité
de leurs pechez, ils meriteroient de ref-
fentir les derniers rigueurs de vôtre colere !. Y en auroit-il d'affez injuftes &
d'affez

d'assez deraisonnables pour me répondre
que Dieu peut faire à la Bête tout ce
qu'il luy plaira pourveu qu'à l'égard de
l'homme il observe les loix de sa justice :
mais qu'ils sçachent que Dieu doit rendre justice à toutes ses creatures, & qu'il
n'y a que celles qui sont capables de devenir criminelles, qui puissent estre mal-
heureuses.

L'injustice de leur réponse qui ne
peut partir que d'un grand fond d'or-
gueuil qui les enyvre d'un haut sentiment
deux-mêmes par un si grand mépris des
autres créatures, paroîtra mieux dans
son jour & leur deviendra sensible si nous
faisons cette supposition : Que nous
nous fussions toûjours conservé dans
nôtre innocence, que cependant Dieu
ne nous eut donné qu'une Ame mortelle
qui dependit de la vie de nôtre corps,
& qu'il nous eut abandonné à la tyrannie des passions d'autres hommes pe-
cheurs comme nous sommes, ensorte
que nous fussions exposez à la discretion
de leur colere comme les Bêtes le sont à

B 7 la

la tyrannic de la nôtre , & qu'apres avoir
employé tous les momens de nôtre vie
à leur fervice avec des travaux extrê-
mes , nous n'euffions rien à efperer pour
toute recompenfe qu'une mort cruelle
pour fatisfaire aux dereglemens de leurs
appetits & de leur gourmandife.

Quel fentiment aurions-nous dé la
conduitte de Dieu à nôtre égard ? Ah !
fans-doute que nôtre cœur fe fentiroit
dans de continuels trans-ports de colere
& de blafpheme contre l'auteur d'une
difpofition fi cruelle, & au lieu de le benir
& de le glorifier pour nous avoir donné l'être, l'exaltation de fa gloire eftant
fon unique deflein dans la formation des
creatures , nous maudirions à tout moment l'heure qu'il nous auroit tiré du
néant , & la puiffance de celuy qui ne
nous y auroit pas laiffé : Nous luy de-
manderions avec raifon , où eft fa juftice qui ne recompenferoit que de tyrannie & de cruauté nôtre innocence , pendant qu'il combleroit de mifericorde &
de bien faits ces criminels dans leur ma-
lice :

lice : fçachons que voila lès juftes repro-
ches que les Bêtes peuvent faire à Dieu,
fi le fentiment commun eft véritable,
qui leur attfibuë une Ame capable de
connoiffance & de douleur , puifque
Dieu doit rendre juftice à toutes les
Creatures.

Ne tombez vous pas donc à prefent
d'accord, Mrs. que cette opinion ren-
verfe le premier & le principal fondement de la Religion, en ruïnant l'exiftence de Dieu, puifqu'elle détruit la
perfection de fes attribuits en nous faifant. 1. Un Dieu fans Amour & fans
un Zele infini de fa Gloire. 2. Un Dieu
fans ordre & fans fageffe. 3. un Dieu
cruel & fans juftice, ce que je vous ay
démontré; Mais encore en ruïnant l'im-
morralité de nôtre Ame qui en eft le
fecond fondement : c'eft ce qu'il faut
encore prouver.

Pour l'intelligence parfaite de ce
que nous avons à dire, Mrs. il eft à propos de confiderer que l'Immortalité
peut eftre prife en deux manieres : ou
bien

bien pour un privilege qui nous exemte de pouvoir eftre entierement anneantis, ou bien pour celuy de ne pouvoir changer la difpofition de nôtre Eftre, par le changement de la difpofition des parties qui le compofent...

On peut affûrer que nôtre Ame eft immortelle en ces deux manieres, premierement entant qu'elle ne peut pas eftre entierement annéantie ; fecondement entant que fa forme ne peut pas périr par le changement de la difpofition & de la configuration de fes parties, puifqu'elle n'en a point.

l'Immortalité prife au premier fens luy eft commune avec toutes les fubftances, tant fpirituelles que materielles : Mais la feconde luy eft fpéciale avec les fubftances fpirituelles, & il n'y a qu'elles qui joüiffent de ce privilege.

Nous avons deux voyes pour prouver que toutes les fubftances font indefectibles c'eft à dire qu'elles ne feront jamais annéanties & qu'elles fubfifteront éternellement,

nellement. La premiere se prend du côté de la sagesse de l'Auteur qui leur a donné l'Estre, & les à tiré du néant, laquelle estant infinie, ne souffre pas de semblables changemens.

Celuy qui bâtit un edifice & le jette par terre pour le retablir decouvre son ignorance ; Celuy que arrache les arbres qu'il a plantés aussitost qu'ils ont pris racine, montre sa legereté, parce que celuy qui veut & ne veut plus, manque de lumiere & de fermeté d'Esprit. Mais la sagesse infinie de Dieu ne souffre n'y caprice ny ignorance, ce qu'il a voulu, il le veut encore & le voudra toûjours, & ainsi aucune substance ne sera jamais annéantie, elles subsisteront toutes éternellement.

Une autre preuve tres-évidente & nouvelle de l'Immortalité de toutes les substances est que leur existence ne dépend point de leur mode n'y de leur maniere ; Car il est de la nature d'un accident & de la maniere d'une chose de pouvoir en estre separé sans emporter

aprés

aprés foy la deftruction & l'annéantiffi-
ment du fujet auquel il eft attaché, *Ac-*
cidens eft id quod poteft adeffe & abeffe à
fubjecto abfque fubjecti interitu : Chan-
gez la figure d'un corps & de rond faites
le quarré ; que celuy qui eft mouvement
foit mis en repos, ou bien que celuy
qui eft en repos, foit mis en mouvement, tous ces changemens ne caufe-
ront jamais l'annéantiffement de ces
fubftances. Le temps & la Durée des
creatures, Meffieurs eft un accident à
leur égard & dont l'union ou la fépa-
ration ne peuvent par confequant leur
en ôter le privilege de l'indefectibilité ,
ny de l'exiftence : Mais fuppofons que
le temps & la durée foient feparez de
toutes les fubftances , ce qui n'eft pas
impoffible à Dieu, que deviendront-el-
les fans-doute qu'elles n'auront plus
qu'un inftant & un point indivifible d'e-
xiftence, dans lequel il eft impoffible
de trouver l'être & le non être : Et ainfi
toutes les fubftances tant fpirituelles que
materielles fubfifteront Eternellement.

&

& ne peuvent eſtre annéanties, Dieu leur ayant donné un être indefectible par luy-même; ſa ſageſſe infinie ſoppoſant encore à cette deſtruction. Cette penſée eſtant extraordinaire merite bien d'être traittée aillieurs avec plus d'etenduë pour les conſequances avantageuſes que l'on en peut tirer en faveur de la véritable Religion. Elle détruit efficacement la doctrine de la Religion Romaine touchant la tranſſubſtantiation du Pain au corps de Jeſu-Chriſt par voïe d'annéantiſſement du pain, comme l'explique l'Ange de leur Théologie. Thomas d'Aquin, ce qui fait cependant le capital de leur ſéparation d'avec nous.

Non, Mrs., nous n'avons pas encore eu l'experience, de l'annèantiſſement d'aucune créature & nous n'en aurons jamais. Il eſt vray que nous avons veu des changemens tres-conſiderables dans la nature, & que nous en verrons encore; *Erûnt ſigna in Sole & Luna & ſtellis*; mais n'en craignons pas l'annéantiſantiſſement d'aucune ſubſtance. Je tombe d'accord contre le ſentiment d'Ariſtote & de toute ſon Ecole, que les Cieux ſont corruptibles. C'eſt aſſez pour appuier ma penſée, que nous ayons l'experience que le Soleil s'eſt quelquefois ſi fort obſcurci par le moyen des taches qui s'eſtoient formées ſur ſa ſurface, que nous avions ſujet de craindre que nôtre Terre & toutes les autres Planettes qui empruntent de luy leur lumiere ne demeuraſſent dans de continuelles tenebres, ſi ces macules ſe fuſſent augmentées & affermiës : Et je puis facilement concevoir comme avec un peu de changement dans la matiere du Soleil & dans le mouvement qui l'agite, il peut devenir une Terre, & comme la terre toute au contraire avec toutes les autres planettes peuvent devenir des Etoilles, comme la terre en perdant une partie du mouvement de la matiere qui l'environne peut eſtre pouſſée vers le centre de ſon Ciel ou ſe retrouve le Soleil, & abſorbée dans cet Ocean de flammes eſtre

diſſi-

diffipée en un moment par la rapidité du cours de la matiere qui compofe
Ou bien fi elle vient à acquerir un nouveau degré de mouvement comme elle
peut monter plus haut & ayant à la rencontre quelques autres planettes, fouf-
frir par leur choc de changemens tres-
confiderables ; comme auffi elle peut
prendre un cours errant & irregulier
femblable à celuy des Cometes, qui pro-
bablement ne font pas fort differentes
de nôtre Terre quant à la matiere, qui
les compofe. C'eft ce que l'on peut faire comprendre d'une maniere tres-nette
& tres-facile : Mais pour l'arléantiffe-
ment d'aucune fubftance, cela paffa la
pénétration de mon Efprit, & j'avouë
que je trouve plus de difficulté & d'im-
plicance à le concevoir, quà comprendre
une montagne fans vallée: Car je ne dois
pas refufer à la puiffance de Dieu ce qui
ne me paroift pas contraire à la fageffe,
comme l'anéantiffement des fubftances,
outre que ce changement ne feroit pas fi
grand, ne fe faifant qu'au regard des acci-
dens

dens de la matiere ; que feroit celuy qui arriveroit par la deftruction totale d'une fubftance.

C'eft en cette premiere maniere que nous difons que nôtre Ame & toutes les autres fubftances font immortelles, eftant indefectibles en leur fubftance.

Mais l'immortalité prife dans le fecond fens, eft particuliere à l'ame & aux autres fubftances fpirituelles entant qu'elles font degagées de la matiere, & qu'elles ne font point compofées de parties, & qu'ainfy elles ne peuvent perir par le moyen de leurs feparations, comme les corps & par la ceffation du mouvement qui leur donnoit la vie.

Si nous faifons la moindre attention à ce qui fe paffe dans nôtre Ame, nous ferons convaincus qu'elle n'eft point un corps, qu'elle en eft entierement féparée, & que par confequant la deftruction de nôtre Corps n'emporte point la deftruction de nôtre Ame, & qu'elle ne donne aucune atteinte à fon exiftence.

Nous

Nous fçavons parfaitement ce que c'eft que nôtre ame; nous ne pouvons douter que ce ne foit une fubftance qui penfe (c'eft la premiere & la plus certaine de toutes nos connoiffances & le principe de la certitude de toutes les autres.)

Nous fommes interieurement perfuadez par autant d'experiences quil y à de momens en nôtre vie, qu'elle a le pouvoir d'appercevoir les objets & d'en former des idées, qu'elle affirme, qu'elle nie, qu'elle doute, qu'elle aime, qu'elle hait, qu'elle craint, qu'elle à de la joye, de la trifteffe, du plaifir, de la douleur : C'eft ce que perfonne ne peut nier fans faire violence aux lumieres qui le pénétrent & qui font plus évidentes que celles du Soleil en fon midy.

L'idée que nous avons de la fubftance corporelle eft bien differente de celle-là, Mrs., qui ne nous reprefente qu'une chofe étenduë en longueur, largeur & profondeur, divifible capable de mouvement

vement & de repos, & de toute forte
d'arrangement & de configurations dans
toutes les parties qui la compofent.

Mais faifons aprefent comparaifon de
ces deux fubftances , & voyons quel
rapport elles auront entre elles.　Une
fubftance qui penfe , peut-elle eftre une
fubftance étenduë ? ou bien une fubftance ètenduë , peut-elle eftre une fubftance qui penfe & acquerir le pouvoir de
penfer ? la figure ronde ou quarrée d'un
corps peut-elle eftre un doute , une af-
firmation ou une négation le mouvement & le repos d'un corps peuvent-ils
eftre une paffion d'amour ou de trifteffe,
de plaifir ou de douleur , de génerofité
ou de crainte : C'eft ce qu'une perfonne
de bon fens n'accordera jamais.

Ce qui penfe en nous n'eftant donc
ny étendu ny divifibles , ny rond , ny
quarré , ny grand , ny petit , ny en
mouvement , ny en repos : Et tout
au contraire noftre corps n'eftant pas capable de penfer , ny par confequant d'a-
mour , ny de crainte, de joye ny de triftefle,

steſſe , de plaiſir ny de. douleur , ces
paſſions ne pouvant eſtre que des penſées & des modifications de nôtre ame :
Il eſt demonſtratif que ce qui penſe en-
nous , eſt entierement diſtingué de nôtre corps , & que par conſequant nôtre
ame peut ſubſiſter ſéparément de luy ,
toutes les propriétez qui ſe retrouvent
dans ces Deux ſubſtances n'ayant aucun
rapport entre elles, & eſtant entierement
diverſes : Et qu'ainſi la deſtruction de
l'un n'emporte point la deſtruction de
l'autre , & que la mort de nôtre corps
ne donne aucune atteinte à la vie de nôtre ame , qu'il peut eſtre détruit , nen
par l'anéantiſſement , cela eſtant impoſſible , mais en la maniere que nous
diſons , qu'un horloge eſt detruit lors
que les rouës en ſont rompuës , la matiere demeurant toujours dans la nature
ſans que l'ame qui n'eſt point compoſée
de parties , puiſſe en reſſentir les eſſets
par la deſtruction de ſa ſubſtance.

Cette preuve , Meſſ. de l'Immortalité de noſtre Ame deſarme ſans con-

C

tredit

tredit tout ce qu'il y a jamais eu de libertins qui ont ofé la nier. Il faut cependant
accorder, que fi nous admettons dans
les Bêtes le moindre degré dec onnoif-
fance de joye, de triftefle, deplaifir de
douleur, de haine & d'amour, & de
toutes les autres paffions qu'on leur attribuë: il faut leur accorder une Ame
qui foit le fujet de toutes ces operations
& qui foit entierement diftinguée de
leur corps,qui n'en eft aucunement capable : Mais fi elle eft mortelle comme
l'opinion commune l'accorde, nous
fommes neceflairement obligez d'avo-
iier que la nôtre l'eft auffi; car celle des
Bêtes ne pouvant eftre compofée de
parties étenduës, non plus que la nôtre,
elle ne peut perir que par l'anéantifle-
ment, dont les fubftances fpirituelles
peuvent eftre naturellement detruittes;
donc la noftre peut périr par cette voyë
& nous n'avons plus de preuves pour
en appuyer l'immortalité. C'eft en
quoy, Meff. fa condition feroit pire que
celle du corps, qui ne périt que par la
fepa-

feparation de fes parties, eftant immor-
tel dans fa fubftance au premier fens que
nous avons expliqué l'immortalité.

Sans-doute que vous accorderez a prefent Meffieurs que cette opinion quoy-
qu'univerfelle defarme la Religion de
fes principes, qu'elle en ruïne les fondemens, & que fi cette erreur fubfiftoit
avec toute fa fuitte des confequances dé-
monftratives que l'on en peut tirer, la
Religion ne feroit plus qu'un Phantôme
& une Chimère.

Vous avoüerez donc avec l'Ecriture,
Meffieurs, que la Bête n'a point d'autre
ame que les diverfes agitations de fon
fang, *Anima eorum in fanguine*, & vous
ne refuferez pas aprefent un fens litteral
à ce paffage, puifque nous ne le devons
jamais faire que lors qu'il emporte avec
foy quelque confequance contraire à la
foy orthodoxe. Aquoy bon donc avoir
recours à des fens allegoriques pour
expliquer celuy-cy, puifque le prenant
à la lettre, il s'accorde parfaittement
bien avec rout ce que la Religion nous

enseigne de la Majesté infinie des perfections de Dieu. Pouvant de plus sa-
tisfaire à la curiosité que vous avez d'apprendre comment toutes les actions
les plus surprenantes des Bêtes se peuvent expliquer d'une maniere fort intelligible, n'ayant recours qu'à la seule
disposition des parties de leur corps &
aux divers mouvemens que le sang y produit par son action, ce que nous ferons u-
ne autrefois, où que vous pourez voir entre les mains de l'Imprimeur. Car il est
temps de vous remercier, Mrs. de l'honneur de vôtre presence; pour ne point a-
buser d'avantage de vôtre patience par
ma longueur; Et de vous demander excu-
se si l'eloquence de mon discours & l'e-
levation de mes pensées n'ont pas ré-
pondu à la Maj. d'une si noble Audiance.

L'on aura aussi raison Mrs. de me dire,
que i'ay avancé icy plusieurs propositions,
lesquelles, quoy qu'un peu extraordinaires,
n'ont pas esté assez poussées. Je vous l'avouë Mrs. n'ayant pu le faire en si peu de
temps, & les reservant pour me servir de
matiere à plusieurs autres discours que j'espere avoir l'honneur de vous faire,

LA BESTE

Transformée en Machine.

P A R

J. DARMANSON

Seconde Conference.

SECONDE CONFERENCE.

Ce que nous devons croire des operations des Bêtes.

Bien que nous ayons fait voir d'une maniere assez claire dans nôtre premiere Conference que la connoissance & les passions que l'opinion commune attribuë aux Bêtes, combat les fondemens de la Religion, fourni des armes aux opinions les plus impies & les plus libertines,& ne s'accorde en aucune maniere avec les sentimens que la piété Chrétienne doit nous inspirer: cependant ce prejugé, aidé par les raisonnemens apparans d'une fausse Philosophie, a jetté des racines si profondes,que pour achever de mettre l'auditeur dans des dispositions favorables à entrer sans scrupule dans l'explication mecanique que nous entreprenons de donner de tout ce que nous appercevons de plus surprenant dans les Bêtes, nous devons lever deux obsta-

des

cles qu'ils y forment. Le Premier se tire des actions surprenantes des Bêtes, qu'ils croient ne pouvoir être expliquées sans le secours d'un principe de connoissance & par la seule disposition de la machine. Ils fondent le second sur la ressemblance qui se retrouve entre les actions des animaux & celles des hommes, lesquelles selon leur sentiment estant toutes causées par nostre ame, doivent aussi avoir un semblable principe dans les Bêtes. Voila le fort de leurs sentimens, ce sont là les derniers boulevars où ils ont accoutumé de se retrancher ; mais qui ne nous seront pas insurmontables, si nous ôtons aux substances spiritüelles & à tout ce qui est capable de connoissance le pouvoir de communiquer aucun mouvement aux substances corporelles, si nous montrons que nôtre ame n'a aucune part aux mouvemens les plus considerables de nôtre corps, & que s'il y en a quelques-uns auxquels elle semble participer, qu'elle n'en peut estre la cau-

se ve-

fe veritable, mais feulement occafionelle.

Pour peu que nous ayons de connoiffance des principes de la véritable Philofophie, nous fçavons que l'on n'y
peut faire aucun pas que par la connoiffance exacte de la diftinction qui fe retrouve entre la fubftance fpirituelle & la
fubftance corporelle & toutes leurs propriétez, qui font tellement feparées les
unes des autres, que nous ne devons jamais attribüer à l'une ce que nous remarquons appartenir à l'autre.

Si nous gouvernons nos penfées avec
métode, cette diftinction ne nous pa-
roitra pas difficile à faire; nous l'apper-
cevrons d'une fimple veuë & nous re-
connoitrons enfuite fans aucun obftacle
les erreurs de nos prejugés & celles de
l'ancienne Philofophie, qui faute de ce
difcernement n'eft qu'un Cæos rempli
de tenebres & de confufion qui offufque
nôtre efprit au lieu de l'eclairer, & ne
fert qu'à le faire defcendre dans un degré encore plus bas que la fimple igno-
C 5 rance;

rance ; car si nous nous persuadons que par le secours de ses principes, nous pouvons estre instruits de la nature des choses, nous ne sommes plus dans la disposition de le pouvoir estre.

Nous n'avons que de deux sortes d'idées, idée d'esprit idée de corps ; & ne devant dire que ce que nous concevons nous ne devons raisonner que selon ces deux idées.

L'idée que nous avons de tous les corps nous fait assez connoître qu'ils n'ont pas le pouvoir de se remuer deux même, un grain de moutarde non plus qu'une montagne ne peut pas se remuer de luy-même. Si nous examinons l'idée que nous avons des Esprits & des Intelligences finies, nous ne voyons point qu'il y ait de liaison necessaire entre leur volonté & le mouvement de quelque corps que ce soit ; au contraire nous voyons qu'il ny en a aucune & qu'il n'y en peut même avoir, & qu'un Esprit n'a pas plus de pouvoir de donner le mouvement à un corps, qu'un corps en a de se le donner à soy-

à foy-même. Si nous voulons remuer
le bras, nous avons befoin d'efprits animaux, nous devons les envoyer par de
certains nerfs vers de certains mufcles
pour les enfler & les racourcir ; c'eft ainfi
que le bras fe remuë ; mais eft-il befoin
de fçavoir toutes ces chofes pour pouvoir remuer nos membres ? nullement,
puis que fouvant ceux qui n'en ont aucune connoiffance les remuent avec
beaucoup plus de dexterité que ceux qui
en font les mieux inftruits ; ce n'eft donc
pas nôtre Ame qui eft la caufe véritable
du mouvement de nôtre bras, & fi ce
mouvement obeït à fa volonté, elle n'en
peut eftre que la caufe occafionelle. Qui
peut donc eftre la caufe véritable des
mouvemens de nôtre corps comme de
ceux de tous les autres : Si nous faifons
attention à l'idée que nous avons d'un
Dieu, c'eft à dire d'un Eftre infiniment
parfait & par conféquant tout puiffant,
nous connoîtrons qu'il y a une telle liai-
fon entre fa volonté & le mouvement
de tous les corps, qu'il eft impoffible de

C 6   conce-

concevoir qu'il veuille qu'un corps foit
meu, & que de corps ne le foit pas, &
ainſi ne devant dire les choſes que ſelon
que nous les concevons nous devons
conclure, qu'il n'y a que la volonté de
Dieu qui ait le véritable pouvoir de remuer les corps.   Gardons nous donc
bien d'admettre dans les Eſprits le pouvoir de communiquer quelque mouvement aux corps ; non plus que dans les
corps des formes, des facultez & des qualitez réelles à la maniere de l'ancienne
Philoſophie, ſi nous ne voulons dérober à
Dieu la force & la puiſſance qui luy ſont
tellement eſſentielles, qu'il ſemble qu'il y
ait contradiction à dire que Dieu peut
communiquer à l'homme ou à l'Ange le
pouvoir de mouvoir un corps immédia-
tement par luy-même & comme cauſe
véritable : Car qui dit une cauſe véritable, dit une cauſe entre laquelle & ſon
effet, nous appercevons une liaiſon ne-
eeſſaire ; mais il n'y a que l'Eſtre infiniment parfait, entre la volonté duquel
& les effets, l'eſprit apperçoive une liaiſon.

son neceslaire. Il n'y a donc que Dieu qui soit véritable cause, & qui ait véritablement la puissance de mouvoir les corps.

Si Dieu pouvoit communiquer à l'homme ou à l'ange le pouvoir, il pouroit aussi leur donner celuy de créer, d'annéantir & de faire toutes les choses possibles, en un mot les rendre tout puissans & en faire des Divinitéz ce qui n'est pas concevable.

Si nous faisons dépendre par cette doctrine tous les mouvemens des corps de l'action & du concours immediat de Dieu, nous sommes obligez par une suitte de raisonnemens demonstratifs, que l'on a exposé ailleurs plus au long, de mettre toutes les operations de nos Ames & de toutes les Intelligences, dans une semblable dependance à son égard, de dire qu'elles ne peuvent rien connoître si Dieu ne les éclaire immediatement par luy-même, qu'elles ne peuvent rien sentir, si Dieu ne les modifie & ne leur imprime ces sentimens

imme-

immediatement par luy-même, à l'occasion cependant de ce qui se passe dans
les corps ausquels elles sont unies.
Nous nous gardons bien de dire que les
objets exterieurs soient la veritable cause
de l'idée que nôtre ame en a, nous n'o-
sons avoir recours aux especes expresses
& impresses pour cela, nous rejettons
bien loing ces formes, ces facultez ces
qualitez ces vertus & ces astres réels capables de produire de certains effets par
la force de leur nature à la maniere de la
Philosophie ancienne toute payenne
dans les sentimens aussi bien que dans
sons auteur, & dont les principes ne
tendent qu'à en établir la Religion.
Nous mettons, dis-je, nôtre ame dans
une telles dependance à l'égard de Dieu
que nous nous éloignons même de dire
qu'elle ait le pouvoir de produire des i-
dées par elle-même, de peur de donner
atteinte à la puissance & à la sagesse de
son auteur, nous ne disons pas qu'elle
contienne éminement ses pensées, comme parlent d'autres Philosophes, ny
qu'elle

qu'elle les apperçoive en confiderant fes
propres perfections, n'y ayant que Dieu
feul qui ait ce privilege ; nous confeffons
tout aucontraire avec St. Auguftin, que
nous ne fommes pas à nous-mêmes nôtre propre lumiere, *Dic quia tu tibi lu-*
men non es: Nous mettons nôtre efprit
dans une véritable dependance de fon
Createur, nous difons qu'il eft tres-é-
troittement uni à nôtre ame par une prefence tres-intime, enforte que l'on doit
dire, qu'il eft le lieu des efprits de-mê-
me que les efpaces font les lieux des
corps, & que nous ne pouvons rien appercevoir que dans luy-même difans a-
vec St. Paul, *non fumus fufficientes ali-*
quid cogitare ex nobis, tanquam ex nobis.
Sed fufficientia noftra a Deo eft ; & qu'en
Dieu qui éclaire le Philofophe immediatement par luy-même dans les connoiffances que les hommes ingrats ap-
pellent naturelles, quoyqu'elles ne leur
viennent que du Ciel : *Deus enim illis*
manifeftavit. C'eft luy proprement qui
eft la lumiere des efprits & le pere des
lumie-

lumieres *defçendens à patre luminum;*c'eſt luy qui enſeigne la ſçience aux hommes, *qui docet hominem ſcientiam ,* en un mot c'eſt la véritable lumiere qui éclaire tout ceux qui viennent en ce monde: *lux vera quæ illuminat omnem hominem venientem in hunc mundum :* Car il eſt juſte que la creature ſoit ſpirituelle, ſoit materielle, ne puiſſe rien faire ſans le cours & la dependance du Createur.

Si donc nôtre corps obeït dans de certains mouvemens aux volontez de nôtre ame, ce n'eſt pas qu'elle agiſſe ſur luy immediatement par elle même, elles ne ſervent que d'occaſion à la cauſe univerſelle de luy imprimer ce mouvement, en conſequence des loix generales qu'elle a établiës dans la premiere inſtitution de choſes ; & lors que nous devons expliquer cette union admirable qui eſt entre nôtre ame & nôtre corps, nous ſommes obligez d'avoir recours à la preſence intime de nôtre Createur, qui établit immediatement par luy-même la dependance réciproque qui ſe re-

trouve

trouve entre quelques penſées de nôtre
eſprit & quelques mouvemens de nôtre
corps, diſant avec St. Paul : *In eo vi-*
vimus, *movemur & ſumus*; que nous vi-
vons dans Dieu, que nous ſommes dans
Dieu & que nous ſommes tout penetrez
de Dieu.

C'eſt ainſi que nôtre Philoſophie,
Meſſieurs, n'accordant jamais ſon con-
tentement qu'à ce qui luy paroit clair &
evident doit mettre la creature dans une
entiere dependance de ſon createur, non
ſeulement pour ce qui regarde ſon exiſtance ; mais encore pour ce qui touche
toutes ſes operations. C'eſt en quoy
nous pouvons reconnoître la certitude
de ſes principes, puis qu'ils ſ'accordent
ſi parfaitement avec ceux de l'Evangile,
pour ruïner toutes les raiſons des libertins & pour établir les fondemens d'une
pieté ſolide, en nous enſeignant qu'il
ne faut aymer qu'un Dieu, puis qu'il n'y
a qu'un Dieu qui puiſſe agir ſur nous, &
qui par conſequent puiſſe nous rendre
heureux ou mal-heureux. Noſtre Philoſophie

losophie nous fait connoître qu'il n'y a
qu'une véritable cause comme l'Evangile nous apprend qu'il n'y a qu'un Dieu,
l'Ecriture nous dit que toutes les divinitéz
du Paganisme ne sont que des pierres &
des metaux sans vie & sans mouvement,
cette Philosophie nous decouvre aussi
que toutes les causes secondes ne sont
que de la matiere & des volontez ineffi-
caces. En fin l'Ecriture nous deffend
de flechir les genoux devant les Dieux
qui ne sont point Dieux. nôtre Philosophie nous apprend aussi que nôtre
imagination & nôtre Esprit ne doivent
point s'abbatre devant la grandeur & la
puissance imaginaire des causes qui ne
sont point causes ; qu'il ne faut, ny les
aimer, ny les craindre, qu'il ne faut
point s'en occuper, qu'il ne faut penser
qu'à Dieu seul , voir Dieu en toutes
choses, adorer Dieu en toutes choses ;
craindre & aimer Dieu en toutes choses
l'Ecriture nous enseigne que nôtre nature est corrompuë, que nous naissons
tous enfans de colere, que nous avons
besoin.

be soin d'un liberateur & d'un média-
teur, & les lumieres de nôtre Philosophie nous decouvrent , que Dieu ne
pouvant créer la créature que pour luy,
il ne peut avoir fait nôtre Esprit que
pour le connoître & nôtre cœur que
pour l'aimer, que nôtre nature est par
conſequent dans le deſordre , puis qu'elle s'oppose à cette loy. , nòtre eſprit de-
pendant à preſent de nôtre corps , nôtre raiſon de nos ſens , & nôtre volonté
de nos paſſions ; que nous ſommes dans
l'impuiſſance de faire ce que nous voyons
clairement , que nous devons faire : que
nous devons par conſequent avoir recours à un liberateur , pour nous guérir
de nos maladies & nous delivrer de la
captivité de nôtre corruption. l'Ecriture nous condamne à une vie laborieuſe
& penitante , & nôtre Philoſophie
nous enſeigne, que nous devons nous
êloigner autant que nous pouvons de la
jouiſſance des objets ſenſibles & de toutes les creatures , pour pouvoir plus facilement & avec moins d'obſtacles nous
unir

unir à nôtre Créateur, que par confequent l'Evangile qui nous enfeigne toutes ces chofes, eft le plus folide de tous
les livres, que c'eft la voye la plus ab-
bregée que nous ayons pour nous in-
ftruire de nos devoirs, & qu'ainfi Jefus-
Chrift qui en eft l'Auteur connoiffoit
parfaitement la maladie & le defordre
de notre nature, qu'il y a remedié de
la maniere la plus utile pour nous &
la plus digne de luy, qui le puiffe concevoir.

Nous ne devons donc pas eftre d'accord avec ceux qui s'imaginent qu'il n'y
doit avoir aucun commerce entre la Théo-
ologie & la Philofophie & que ce font
deux fçiences entierement feparées &
qui ne doivent avoir aucune communication, ce qui eft peut être véritable, fi
nous avons égard à la maniere qu'ils
traittent cette derniere; & à la Philofophie payenne d'Ariftote qu'ils préten-
dent juftifier.

Mais je foutiens avec beaucoup plus
de vérité, que fi nous ne nous fervons
que

que de principes evidens, & que si nous
ne raisonnons que conséquemment selon ces principes , nous decouvrirons
par ce moyen les mêmes véritez, que
celles que nous apprenons dans l'Evangile, puis que c'est la même sagesse qui
parle immediatement par elle-même
à ceux qui decouvrent la vérité dans
l'evidence des raisonnemens , & qui
parle par les sainctes Ecritures à ceux
qui en prennent bien le sens : & cette
meditation a cet avantage, qu'elle sert
à nous persuader par son evidence des
veritez dont nous sommes seulement
convaincus par l'autorité & la certitude
des Ecritures saintes , & que nous pouvons par ce moyen convaincre d'erreur
les impies, qui n'ayant aucun respect
pour l'autorité des divines Ecritures, ne
peuvent être redressez que par la voyë
de la raison.

Trouvera-t-on donc encor des plumes
& des langues assez medisantes ou assez
ignorantes que pour condamner cette
Philosophie, en poussant leurs calom-
nies

nies si loing , qu'ils osent l'accuser de jet-
ter dans les cœurs des semences d'im-
piété & d'atheïsme , ce que la nôtre
peut dire avec beaucoup plus de raison de celle qu'ils professent , & qui
en sera enfin vaincue , puis qu'il est ju-
ste & necessaire que la vérité triomphe
de l'erreur lors qu'elle en aura fait paroître evidemment les desordres.

Cette digression , Messieurs , qui
paroît un peu eloignée de mon dessein ,
n'est pas cependant sans dessein , puis
qu'elle innocente nôtre Philosophie
des calomnïes dont on a taché de la
noircir.   Elle a cependant ce rapport
avec le sujet que je traitte , que nous ser-
vant à nous persuader de la solidité des
principes que nous mettons en usage , à
cause de leur liaison avec les véritez que
la foy nous rend infaillibles , & nous dé-
couvrant qu'il n'y a que Dieu seul qui soit
la véritable cause de tout ce qui se produit dans la nature , que c'est inutilement
que nous ayons recours à une ame , &
à un principe de connoissance autre que
Dieu

Dieu pour expliquer tout ce que nous voyons de plus surprenant dans les Bêtes, & qui ne nous surprendront plus, lors que nous n'aurons recours qu'à la sageſſe infinie de celuy qui les a formés, & qui les gouverne, quoique nous y decouvrions des choſes beaucoup plus reglées & plus adroites que dans les nôtres, par ce qu'eſtant dans un eſtat de corruption, il nous y reſte une liberté corrompuë qui a le facheux privilege de mal determiner cette cauſe univerſelle, qui agiſſant toute ſeule dans le gouvernement des Bêtes, les exemte de quantité de deſordres ou nôtre corruption nous engage : Car c'eſt l'auteur de nôtre Eſtre qui execute toutes nos volontez : *ſemel juſſit, ſemper paret* ; c'eſt luy-même qui remuë nos membres lors que nous nous en ſervons contre ſon ordre, c'eſt auſſi pour ce ſujet qu'il ſe plaint par ſes Prophétes que nous le faiſons ſervir à nos deſirs injuſtes & criminels.

Ce n'eſt pas que nous deuſſions croire

re que noſtre ame ait part à tous le
mouvemens qui ſe font en nous, puiſ
que nous ne devons luy rien attribuer,
que ce qu'elle-même ſçait bien luy appartenir, ſuivant quoy nous ſommes o-
bligez de reconnoiſtre qu'il ſe paſſe en
nous une infinité de mouvemens inde-
pendemment de noſtre ame.

Commençons par ce qui ſe trouve de
plus admirable dans le corps de l'homme, qui eſt ſans doute la formation dans
le ventre de ſa mere, il eſt conſtant que
cela ſe fait ſans le ſecours d'une ame, cela luy eſt commun avec la Bête, & cependant tout ce qui nous ſurprend dans
leurs operations & qui ſemble nous obli-
ger de leur accorder quelque connoiſſance, n'eſt rien en comparaiſon de l'artifice admirable que renferme en ſoy la
machine de nos corps & des leurs. Car
qu'y a-t-il de plus merveilleux que la diſpoſition & l'arrangement de leurs parties? Ces os diſtribuez avec tant d'indu-
ſtrie, pour eſtre comme les fondemens
& les colomnes ſur qui tout l'edifice de
cette

cette machine doit eftre appuyé ; les veines & les arteres répanduës par tout le corps , pour y porter la nouriture, la vie & la chaleur en même temps, les nerfs, les mufcles, les tendons , les veines limphatiques , les veines lactées, tant d'autres tuyaux infenfibles , en un mot , un million de parties que toute la fçience des Anatomiftes ne peut decouvrir , que les yeux ne fçauroient appercevoir & qui paffent même l'étenduë de nôtre imagination : Le cerveau feul fuffiroit pour occuper les veilles & les meditations de tout ce qu'il y a d'homnes dans le monde fans qu'ils puiffent bien developper l'œconomie , le nombre & l'ufage de toutes les parties , dont il eft compofé. Les yeux font des chefs dœuvres que l'on ne peut affez admirer : Ces tuniques , ces humeurs y font difpofées avec un fi grand artifice , qu'il eft impoffible d'y apporter le moindre changement fans detruire tout l'ordre de la vifion : Mais fi la formation de noftre corps ne depend point des operations

D   *de*

de noſtre ame, il eſt auſſi véritable qu'elle ne contribuë en rien à une infinité de
ſes mouvemens, qui ſe font independament d'elle & ſouvant même contre ſa
volonté, ce qui ſe paſſe dans toutes les
maladies ne nous en perſuade que trop.
L'effort de nos paſſions l'emporte ſouvant contre toute la reſiſtance de noſtre
ame, & font faire à noſtre corps des
mouvemens, qu'il luy eſt impoſſible
d'empecher. Lors que nous parlons,
noſtre ame fait-elle attention à la diverſité ſurprenante des mouvemens qui ſont
neceſſaires pour la parolle, penſe-telle
à pouſſer l'air des poumons juſque dans
la bouche, à ouvrir la bouche en écar-
tant les levres à la fermer en les rappro-
chant, à hauſſer, baiſſer, lier & mouvoir la langue de tant de façons ? noſtre
ame n'a aucune part â tous ces mouvemens, & perſonne ne dira qu'en voulant parler, il penſe à autres choſes
qu'aux parolles qu'il veut prononcer.

Combien de fois nous arrive-til de
prononcer une priere entiere, pendant
que

que noftre ame eft appliquée à toute autre chofe ? Sans doute qu'il ne fe peut rien trouver de plus merveilleux dans la Bête. Ce ne feroit jamais fait fi nous voulions parcourir tout ce qui fe paffe en nous, independament de noftre ame: Je diray en un mot que nous devons nous detromper du prejugé commun qui nous fait croire que c'eft noftre ame qui donne la vie à noftre corps, puis qu'elle confifte dans la circulation du fang & dans les mouvemens propres pour fa confervation, au lieu que la vie de noftre ame ne confifte que dans les operations de fa penfée, qu'elle ne peut pas luy communiquer, puis qu'il luy eft impoffible de pouvoir le faire penfer. Elle ne peut non plus luy communiquer la vie par laquelle il fe nourrit, & croift, &c. puis qu'elle ne fçait pas même ce qu'il faut faire pour digirer ce qu'on mange, non plus que le faire fentir, puis que la matiere eft incapable de fentimens, d'ou il nous eft facile de conclure; que ce n'eft pas la feparation de noftre ame de

noftre

noftre corps qui luy caufe la mort., en forte que fi une ame fe feparoit d'un corps qui feroit en parfaite fanté, il ne laifferoit pas de vivre à la maniere de celuy des Bêtes. Nous devons auffi inferer de la, que quand nous ferions dans l'impuiffance de rendre des raifons mecanique des operations des Bêtes, d'une maniere auffi pertinente que fait un Orlogeur de tous les mouvemens de fon orloge par la difpofition des rouës, il ne faudroit pas avoir recours pour cela à la prefence d'une ame qui n'y fert de rien, & qui embaraffe plus cette explication qu'elle ne luy aide.

Mais il eft temps d'entrer dans l'explication particuliere de cette machine, fuppofons auparavant, que l'auteur qui luy a donné l'eftre eft auffi celuy qui à formé toute la nature & qu'il a mis une telle difpofition entre tous les corps qui l'environnent & qui peuvent agir fur elle, qu'elle fera difpofée à s'eloigner de ceux qui pourront luy porter préjudice, & aucontraire à fe mouvoir vers ceux qui luy feront convenables. Cela

Cela estant supposé, considerons le plus sommairement qu'il nous sera possible les parties interieures d'un chien par exemple, en quoy je garderay le même ordre comme en ce qui me reste à dire, qu'un excellent auteur a gardé en traitant avant moy de cette matiere, ne pouvant rien dire de plus adroit, & je n'ajoûteray pas tant à ses pensées que je les abbregeray pour ne point passer les bornes d'une conferance : car ce qui m'a determiné en partie à dire ce que jay avancé cydessus a esté pour procurer plus de croyance à la sçavante explication qu'il en a faite, en detruisant tout les autres moyens dont on voudroit se servir pour rendre raison des operations des Bêtes.

Ce que nous devons premierement considerer dans cette machine, c'est le cœur partagé en deux cavitez : l'une appellée le ventricule droit, & l'autre le ventricule gauche : Que les veines se terminent & se rassemblent toutes dans le ventricule droit, ou elles se dechar-

gent

gent du sang qu'elles contiennent : Que
ce sang fait a fait qu'il y tombe goutte à
goutte se rarefie & se dilatte par la chaleur de cette partie, & ne trouvant plus
d'issuë par les endroits ou il est entré, par
ce que ces portes ou valvules ne peuvent
s'ouvrir que de dehors en dedans, il est
obligé de s'échapper par trois autres du
même ventricule qui ne s'ouvrent que
dedans en dehors ou aboutit l'artere pulmonaire par où il est conduit dans les
poulmons pour y estre rafraichi : Or les
poulmons s'affoiblissans lors que l'air dõt
ils sont pleins vient à en sortir, ils pous-
sent ce sang qui est répandu dans toute
sa substance vers le ventricule gauche du
cœur par un autre canal que l'on nomme veine pulmonaire, ou se rarefiant
encore, il est obligé d'en sortir par trois
valvules qui luy ouvrent l'entrée de la
grande artere, laquelle se divise en deux
branches, l'une qui tend enhaut l'autre
dans les parties basses, & qui se subdi-
visent ensuitte en une infinité de petis ra-
maux qui portent ce sang dans toutes les
parties.

parties du corps où se déchargeant dans
les veines elles le reconduisent dans le
ventricule droit du cœur & y circule ainsi continuellement enforte que l'on sup-
pute que le sang d'un homme passe au-
moins soixante fois dans son cœur pendant l'espace de vingt-quatre heures; voi-
là ce qui donne proprement la vie à nôtre corps aussi bien qu'à toutes les Bêtes,
& aussitost que cette circulation cesse, l'a-
nimal cesse aussi de vivre; nôtre ame ne
donne donc en aucune maniere la vie à
nôtre corps, puis qu'elle n'a aucune part
à cette circulation qui est ignorée de la
plus part & qui n'est decouverte que depuis peu.

Considerons ensuitte le cerveau de
cet animal qui est une substance molle
composée d'un tissu d'un nombre infiny
de petits filets, dont quelqu'es-uns s'u-
nissans en petits cordons, descendent
dans toutes les parties du corps couvert
de deux peaux qui ne font que des alon-
gemens des deux enveloppes du cerveau
qu'on appelle dure & piemere & que
lon nomme des nerfs   D 4   Dans

Dans ce cerveau on y voit encore
quatre petites cavitez ou ventricules,
trois pardevant & une par derriere ; sur
le passage du troisiême au quatriême,
il y a une petite glande suspenduë, qu'on
appelle *conarion* : Remarquons encore
que cet animal a des muscles qui ne sont
qu'un composé de fibres charneuses, de
veines, d'arteres, de nerfs, qu'il le
fait une dissipation continuelle d'un
grand nombre, de parties du corps qui
échappent à tous momens par les pors
dont il est plein, & que le sang qui circule continuelement par toutes les parties du corps repare cette perte en repre-
prenant la place de ces parties transpi-
rées.

Les parties les plus subtiles du sang
sortant du cœur montent à la leste par le
tronc superieur de l'aorte par ce qu'il va
tout droit, & que les corps qui ont plus
de mouvement suivent toujours la ligne
qui se detourne le moins. Ces esprits a-
nimaux qui ne font que les parties les
plus subtiles & les plus rondes du sang,
comme.

comme une efpece de vent & de fumée
delicate, entrent dans les ventricules
du cerveau dont ils tiennent les parois
interieures écartées & les empechent de
s'abaiffer, de la s'infinuant entre les petits filets qui compofent les nerfs, ils
les tiennent tendus & empechent par ce
moyen qu'ils ne f'entrelaffent les uns
dans les autres.

Mais comme le fang qui fert à nour-
rir le corps ou qui fe convertit en efprits
animaux fe diffipe continuellement, ce
qui cauferoit en peu de temps la mort
de l'animal, il arrive que lors qu'il paffe
le long de l'eftomac, ce qu'il contient
de parties tranchantes, & de la nature
de celles dont le vinaigre eft compofé,
trouvent des pores qui leur font propor-
tionez, par lesquels elles entrent dans
l'eftomac où elles piquent & ebranlent
un nerf, qui fait une efpece de couron-
ne à fon orifice fuperieur, l'ebranle-
ment, de ce nerf eft porté jufqu'au cerveau ce qui le fait ouvrir dans des endroits par où les efprits animaux venant

D 5   à paffer,

à paſſer , coulent en abondance dans
les muſcles des jambes , qu'ils enflent de
même que l'air enfle un balon , ce qui
les oblige de s'elargir , & de ſe racourcir
par conſequant & de tirer à eux la partie où ils aboutiſſent par un tendon qui y
eſt attaché : Or chaque muſcle en ayant
un autre qui luy eſt oppoſé , & qu'on
appelle antagoniſte , il arrive que les e-
ſprits animaux eſtant determinez par le
changement que le mouvement de ce
premier exerce dans le cerveau à couler
dans ſons antagoniſte , où il y a des valvules de communication de l'un & l'autre , ils ouvrent le paſſage aux eſprits
qui ſont dans le muſcle qui s'eſt mû le
premier , & les font entrer dans celuy
cy , ils ferment en même temps l'iſſuë
à ceux qui deſcendent du cerveau dans
ce dernier : de la vient qu'il s'accourcit
à meſure qu'il s'enfle , & que le premier s'alonge à meſure qu'il ſe deſenfle
de là on peut facilement juger que ſi cela
arrive ſucceſſivement , le corps doit ê-
tre tranſporté d'un lieu en un autre.   Or
toutes

toutes les fois que cet animal aura faim
(en prenant ce mot pour le seul mouvement qui se fait dans l'estomac & ensuite dans le cerveau) il sera necessairement
transporté de côté & d'autre.

Si nous presentons un morceau de
pain à un chien qui sera dans ces dispositions, il est certain par le rapport qu'il
y a entre luy & tous les corps qui peuvent luy estre utiles, que l'impression
que cet aliment fera sur les yeux en e-
branlant les filets des nerfs optiques,
doit estre porté dans le cerveau, où elle fera des ouvertures qui donneront passage aux esprits animaux pour couler
dans les muscles dont l'action approche-
ra le chien de cet objet ; d'abord qu'il
sera arrivé proche de cet aliment, les ra-
yons qui continüent d'agir sur le cerveau par les yeux, le trouvant un peu
differemment disposé, par le changement de figure de l'œüil qui s'alonge à
mesure qui l'objet est plus proche, ou
les parties que s'exhalent du pain entrant
dans le nez avec l'air de la respiration

D 6 plus

plus abondament qu'auparavant obligent les esprits d'entrer dans les muscles
qui servent à remuer les machoires & à
avaler les alimens.

Vous comprendrez facilément que ce
mouvement des machoires pressant les
glandes qui contiennent la salive & qu'
on appelle pour ce sujet salivales, elle
est exprimée dans le palais, ou se mê-
lant avec ce pain elle sert à en faire la
premiere dissolution. Ce que je viens
de dire est tres-facile à comprendre, si
outre le rapport qu'à cette automate a-
vec tous les autres corps qui l'environnent, on remarque aussi qu'il y a une
tres-grande harmonie, entre toutes les
parties dont il est composé, qui fait que le
cerveau s'ouvre si à propos pour procurer à ce chien toutes les choses dont il a
besoin pour son entretien.

Si nous considerons ensuitte ce que
devient ce pain, nous le trouverons
mêlé dans l'estomac avec quelque reste
des alimens precedans, qui estant de-
meurez engagez dans les plis de sa mem-
brane

brane interieure, se sont aigris & servent avec le suc acide, dont nous avons parlë, à exciter une douce fermentation par laquelle les viandes commencent à estre digerées & reduites en chyle qui est une forme de creme grisate.

Le Diaphragme se haussant & se baissant successivement dans chaque respiration, oblige le chile à couler dans les intestins qui n'en sont qu'une continuation, où les parties les plus subtiles s'insinuent dans un nombre infini de petites veines qui y aboutissent. Ces veines que l'on nomme lactées portent le chyle par differans conduits dans la veine cave, ou circulant avec le sang il en acquiert la forme insensiblement; & c'est par ce moyen que les parties de cette liqueur qui servent à la nouriture & à la formation des esprits animaux sont reparez.

Lors que les fonctions continüelles où les esprits animaux sont amployez, en auront dissipé une grande quantité ensorte que le sang ne soit plus capable

D 7   d'en

d'en fournir suffisemment, pour tenir les
parois des ventricules du cerveau écartées, & les filets des nerfs tendus, celles
la s'afaiseront insensiblement, & ceux-
ey s'entrelasseront, ce qui sera que les
objets ne pourront plus transporter leur
action dans le cerveau, & ce chien dor-
mira pour lors, jusqu'à ce qu'il se soit
formé de nouvaux esprits animaux, qui
le mettent dans l'etat précedent qu'on
nomme veille.

Ce que je viens de dire ne souffre aucune difficulté, il est cependant trés-evident
que toutes les actions dont je viens de
parler qui regardent la digestion & la
nourriture ne requerent aucune penséé
comme l'experience nous en persuade,
puis que toutes ces choses se font dans
nous sans que nostre volonté puis se
l'empescher ou le commander.

La consideration de toutes ces actions
conduittes avec tant d'industrie, & me-
nagées avec un si grand artifice par la
seule harmonie des parties qui compo-
sent cet automate si artissement formé,

&

& dont tous les refforts font difpofez
avec tant de fymmetrie, qu'on ne peut
rien concevoir de mieux penfé & de plus
delicatement travaillé, cette confidera-
tion dis-je doit eftre fuffifante pour nous
perfuader que puifque cette Befte n'a
aucun befoin d'une ame pour toutes ces
chofes il n'en faut aucune auffi pour tous
lesautres mouvemens qu'elle fait qui ne-
femblent pas demander plus de connoiffance que ceux que je viens d'expliquer.

Avant que de paffer plus outre nous devons encore remarquer avec foing, que
le cerveau eftant d'une fubftance molle,
eft capable par confequent de recevoir &
de retenir les impreffions que les objets
exterieurs y font, qui confiftent dans
la facilité, que les pores du cerveau,
qui ont efté ouverts par leur moyen,
confervent à s'ouvrir de la même maniere ou deux-même, ou par la cours for-
tuit des efprits animaux. Ou bien ces
impreffions ne font autre chofe que les
traces & les veftiges que les efprits animaux laiffent entre les fibres du cerveau

en

en baiſſant les poils qui ſont heriſſez par
deſſus , de même qu'un homme qui paſſe
dans un prez couvert d'herbes , fait une
eſpece de ſentier qui dure quelque temps
& par où il eſt plus facile de paſſer la ſeconde fois que la premiere & la troiſiê-
me que la ſeconde.

Remarquons auſſi que quand deux objets agiſſent enſemble , leurs traces s'u-
niſſent ordinairement , c'eſtà dire que
les eſprits animaux qui par l'impreſſion
de ces deux objets ont coulé entre differentes fibres du cerveau , pour aller enſuitte enfler divers muſcles , venant à ſe
croiſer dans leur route ſe mêlent & n'ont
plus qu'un courant qui ne va aboutir qu'à
un des deux endroits , où les eſprits euſ-
ſent coulé ſans cette jonction. Il s'en-
ſuit de là premierement qu'il n'en reſul-
tera que les mouvemens qu'excitoit l'objet , dont l'impreſſion qui eſtoit la plus
forte a prevalû ; ſecondement , il n'arri-
vera aucun mouvement de ceux qui euſ-
ſent eſté produits par l'action de l'objet
le plus foible qui dans la ſuitte , quoi-
qu'il

qu'il soit seul ne sçauroit agir sur le cerveau sans exciter les mouvemens qui ac-
compagnent l'action de celuy dont les
traces ont esté confonduës avec les sien-
nes. Cette-jonction de traces ou d'efpeces, si vous voulez l'appeller ainsi se
fait aussi tres-souvent , non seulement
quand les esprits animaux se croisent
dans leurs chemins ; mais encore lors
qu'ils coullent assez prez les uns des autres : car l'un de ces deux courans ébran-
lant en passans la partie voisine de son
lict, il oblige l'autre à se mouvoir du
même côté, pour peu d'obstacle qu'il
rencontre dans son chemin, si bien que
glissans vers l'endroit où se meut le premier, par la facilité qu'il y trouve cau-
sée par la secousse des parties qui sont en-
tre-deux , ces deux traces ou especes s'u-
nissent.

Ces choses estant supposées , commençons par expliquer ce qu'on appelle
la discipline des animaux. Si je veux
par exemple dresser un chien à se tenir
sur ses deux pieds de derriere , je l'arre-
steray,

steray moy-même quelque temps dans
cette situation, pour procurer aux esprits animaux un passage libre & aisé
dans ces parties, & afin que les pores
qui leur donnent passage acquerent une
grande facilité à s'ouvrir toûjours de la
même maniere : outre cela quand cet
animal changera de posture je le manac-
ray d'un bâton de sorte que le cerveau
s'ouvrant naturellement à cette veuë aux
endroits qu'il faut pour le faire arrêter,
& l'empécher de s'avancer vers le bâton,
il n'y aura pas lieu de s'etonner s'il demeure ferme dans cette assiette, tellement que si je reïtere plusieurs fois la
la même chose cette habitude deviendra
par apres si forte, qu'il s'y tiendra apres
de luy même.

Si l'on vouloit ensuitte l'apprendre à
danser au son du violon, on n'auroit
qu'and il se tient ainsi de bout, qu'à mar-
cher devant luy presentant du pain, car
il seroit disposé à s'approcher de cet
aliment & à le suivre : que si en même
temps on fait jouer du violon ; l'espece
du son

du son de cet instrument & celle du pain
se joindront si bien, qu'aprés que l'on
aura reïteré plusieurs fois la même chose,
le seul son du violon sera capable de faire
danser ce chien. Si nous voulons le dresser à la chasse, il nous y faut prendre à
peu prés de la même maniere, si nous
le battons lorsqu'il courra sur la perdrix,
l'espece de cet oisaut & celle des coups
que nous luy aurons donné s'uniront sans
doûte, si-bien qu'aprés que nous aurons
reïteré la même chose plusieurs fois, la
perdrix fera sur luy la même impression
que le bâton; & comme il s'arrête en
voyant le bâton, de même il demeurera
ferme é la veuë de la perdrix au lieu de
courir dessus.

Si les chiens qui naissent de deux autres qui sont couchans, chassent sans
être dressez, il ne faut pas s'en étonner,
puisqu'ils ont bien souvent dans le cerveau les mêmes traces qu'avoient leurs
pere & leur mere, de la même maniere
que les enfans naissent bien souvent avec
des dispositions aux maladies dont leurs
parens ont été atteints.   Si

Si nous voulons que ce chien saute
quand on prononce le Prince d'Orange,
& qu'il aboie en entendant le nom du
grand Turc, nous tiendrons un bâton
tant soit peu elevé de terre & couché ho-
rizontalement, & ensuite quand il aura
bien faim, nous luy presenteront du pain
au de la du bâton en prononçant en même temps les paroles à l'occasion desquelles nous souhaitterons qu'il saute :
il est clair quêtant obligé de passer par-
dessus le bâton pour venir manger le
pain, il sautera dans cette rencontre ; de
la vient que ces deux especes s'unissent,
aprés que nous aurous fait la même
chose plusieurs fois, ce chien sautera ensuite aussi-bien pour les seules paroles,
qu'il sautoit à la presence du pain : si au
contraire nous le battons en prononçant
le grand Turc, il est seur qu'il aboyera,
ce qu'il fera ensuite toutes les fois qu'on
prononcera les mêmes mots.

Ceux qui comprenent ce que nous ve-
nons de dire n'auront aucune difficulté de
concevoir la raison de ce qui arrive dans
toutes

toutes les autres occasions sans avoir recours à aucune connoissance pour expliquer la discipline des animaux.

Nous developperons sans peine ce
qu'on appelle instinct dans les animaux,
c'est à dire certaines actions que toute
une espece de Bêtes font naturellement,
d'abord que nous aurons remarqué que
cet instinct se raporte toûjours exacte-
ment à leur conservation, car nous verrons de là qu'il ne peut consister que
dans la disposition particuliere de leur
cerveau quand elles naissent : ainsi un
agneau fuit le loup parce que la veuë de
cette Bête determine les esprits animaux
à produire ce mouvement par l'economie naturelle du cerveau de l'agneau, car
il ne se pouvoit rien ordonner de mieux
pour la conservation, & de toutes les
dispositions que son cerveau pouvoit
avoir du createur, celle d'avoir des fibres
qui s'ecartassent facilement pour laisser
couler les esprits animaux dans les muscles qui servent à l'éloigner du loup,
étoit la plus propre & la plus convena-
ble

ble que l'auteur de la nature pût luy donner.

Nous ne voyons rien assurement de plus merveilleux que ce que font les abeilles, car on rapporte qu'elles choisissent un Roy qu'elles suivent & qu'elles escortent partout ; la raison est qu'il n'y a que luy de mâle dans chaque essein qui fait une telle impression sur elles, ou par les yeux ou par les oreilles ou par les narrines qu'elle les oblige à faire tout ce qu'elles font à son égard.

Elles sont determinées par le suc des fleurs qu'elles ont succées, par la presence de leurs compagnes, & principalement par les dispositions naturelles de leur cerveau, à batir de petites cellules qui sont toûjours exagones & rangées de la même façon, si bien que cette uniformité de leur maniere d'agir, dans laquelle on observe toûjours le même ordre, la même régularité & les mêmes circonstances, nous persuade qu'elles n'ont pas plus de besoin d'une ame connoissante pour conduire tous les mouve-

mens

mens que je viens de rapporter , qu'un arbre pour pouſſer des feuilles & des fleurs au printemps avec un artifice incomparable , pour produire des fruits en Eſté ou en automne qui contiennent pour la plus part en abregé & en racourci tout l'arbre dont ils ſont ſortis , & pour ſe repoſer enfin tout l'hiver comme dans un long ſommeil , afin de reprendre des forces & de la vigueur , pour recomencer leur travail au printemps ſuivant.

Il n'eſt pas non plus neceſſaire d'avoir recours à quelque connoiſſance pour expliquer les différens emplois que les abeilles partagent entre elles. Les plus vielles ont ſoing du dedans de la maiſon par ce que la foibleſſe de l'age faiſant que les eſprits & le ſang , ou quelque choſe qui en tient la place , manquant de chaleur ne les porte plus à ſortir de leurs ruches pour aller à la proviſion , mais au contraire cette diſpoſition les rend propres à bâtir leurs cellules , ainſi que le printemps diſpoſe les arbres a pouſſer les fleurs , l'Eſté & l'Automne des fruits, & l'hyver à ſe repoſer.   Le

Le soing qu'elles ont d'ensevelir les
morts hors de leurs ruches provient de la
mauvaise odeur qui en exhale, laquelle
determine celles qui sont en vie aux
mouvemens necessaires pour cet effet,
comme une plus grande ou une plus petite chaleur du Soleil oblige les fruits à
meurir plûtôt ou plus tard & il n'est pas
besoin pour cela de chercher dans les a-
beilles une cause differante de l'organi-
sation que l'auteur de la nature leur a
donnée.

Cette sage prévoyance & cette pré-
caution merveilleuse qu'elles ont de ne
manger que tres peu en hiver pour ne
manquer jamais tout à fait d'alimens, vient
de la rigueur de la saison qui diminuë le
mouvement du sang, bouche les pores
du corps, & fait que la transpiration
n'estant pas si grande, peu de choses suf-
fit pour reparer ce qui se dissipe continuellement.

Mais quoy, cette justice qu'elles rendent si bien, cette oisivée punie si rigou-
reusement, ces loix observées avec tant
d'exacti-

d'exactitudes, tout cela ne part-il point de quelque intelligence; tout cela part véritablement d'une intelligence; mais qui eſt dans l'ouvrier & non pas dans l'ouvrage : les abeilles chaſſent les bourdons qui mangent ſans travailler, par ce que ceux-cy ne leur reſſemblent point ſi bien que l'impreſſion qu'ils font ſur elles les portent au mouvement qu'il faut pour ce ſujet de la même façon qu'un aimant en repouſſe un autre quand il luy eſt preſenté d'un certain côté. Les combats qu'elles ſe livrent, la mort qu'elles ſouffrent & l'ardeur qu'elles font paroître dans leur travail quand leur Roy les viſite, ces fonctions dis-je, viennent à l'occaſion de deux mâles qui ſe rencontrent dans un eſſain; car ſuivant leur different temperament où la diverſité de leurs deux Roys, elles ſont excitées les unes à ſuivre celuy-cy, & les autres celuy-là, de la même maniere nous voyons tous les jours entre les hommes les uns aymer une perſonne que les autres haïſſent; ce qui ne part

E   pas

pas immediatement de l'ame, mais des impreſſions differentes que la même perſonne fait dans deux cerveaux differemment diſpoſez.

Quand leur Roy fait viſitte, la diſpoſition qu'il introduit dans leur cerveau fait, couler des eſprits animaux avec plus d'abondance dans le cœur; de là vient que le ſang s'y échauffe davantage & communique enſuite plus de chaleur à toutes les parties, & c'eſt de là qu'elles témoignent plus d'ardeur pour lors, de la même façon que nous experimentons que certains objets allument par leur preſence un feu dans noſtre cœur & excitent dans nous quelques mouvemens independans de nôtre volonté comme il arrive dans toutes les paſſions.

D'abord que l'hyve approche, les Hirondelles paſſent les mers, pour ſe garantir de la rigueur du froid, le retour enſuitte de la belle ſaiſon les rameine pour nous annoncer la venuë du printemps, & même elles ne manquent jamais de revenir dans la même maiſon

& au

& au même nid qu'elles avoient l'année precedante pour n'être pas obligées de travailler fur nouveaux frais.

. Tout cela dira-t-on prouve fuffifamment qu'elles fentent venir l'hyver & qu'elles fçavent qu'il ne fait point de froid pour lors dans les païs où elles vont hyverner, comme auffi que la chaleur y eft infupportable dans le printemps, au lieu qu'elle n'eft pas de beaucoup prés fi grande chez nous. Je vous avoüe que fi les hirondelles & les autres oyfeaux de paffage connoiffent tout cela, ils fçavent fort bien le fyfteme du monde, la temperature de l'air dans les differens païs, & la difpofition en particulier de la terre à l'égard des planetes. Difons donc que l'hiver commançant chez nous le changement qui arriue dans la chaleur de l'air caufe une alteration notable dans les corps vivants & elle eft telle dans les hirondelles qu'elle les determine aux mouvemens neceffaires pour paffer la mer; de même que l'on introduit dans une montre en la montant, oblige l'ai-

guille

guille à se mouvoir vingt quatre heures
par exemple & non pas davantage.

La chaleur devenant excessive dans
les contrées où ces oyseaux sont allez,
elle les monte, pour ainsi dire derechef,
& les fait revenir précisement dans les
lieux qu'ils avoient quittez l'année pré-
cedente plustost qu'aillieurs parce que
les esprits ont beaucoup plus de facilité
à couler dans les nerfs & dans les muscles, dont le mouvement les y conduit,
que nulle autre part par l'habitude que les
hirondelles ont contractées d'aller vers
ces endroits-là, de la même maniere
que si nous avons accoûtumé d'aller souvent en quelque lieu à une certaine heure, nous n'avons qu'à nous determiner
à prendre cette routte & faire le premier
pas, aprés lequel, quoyque nous pen-
sions à autre chose nous poursuivons
pourtant & nous nous rendons au lieu
que nous nous estions proposés en par-
tant.

Que cette régularité si exacte des
mouvemens que font les hirondelles &
les

les autres animaux, ne nous obligent
point à leur donner une ame pour les re-
gler, puis que par la même raison il en
faudroit donner une à la mer dont le
flux & le reflux suivent si regullerement
le paffage de la lune fous le meridien ; il
enfaudroit donner une à un grain de
moutarde & à toutes autres graines ; car
si on les plante à contresens, les racines
qui fortent hors de la terre, se detour-
nent & s'y enfoncent ; & le germe qui
s'eftoit tourné vers la terre, se detourne
auffi pour en fortir.

Il eft vray que le mouvement des Bêtes marque une intelligence, mais ce
qui se paffe dans toutes les plantes
en marque une auffi : Une plante se
noüe d'efpace en efpace pour se fortifier;
elle couvre sa graine d'une peau qui la
conferve ; elle l'environne de piquans
pour la defendre, cela ne se peut fans
intelligence : mais qui n'eft point dans
la matiere ; mais feulement dans l'auteur de la nature qui en regle les mouvemens.

E 3

Il eft

Il eſt impoſſible que le hazard regle le mouvement des planetes, il faut neceſſairement que ce ſoit une intelligence, infiniment ſage, infiniment puiſſante & qui ſoit entierement ſéparée de la matiere qui compoſe ces corps celeſtes, & la même qui nous a formé dans le ſein de nos meres, & qui nous donne l'accroiſſement auquel nous ne pouvons par tous les efforts de nôtre eſprit & de nôtre volonté ajoûter une coudée. Le mouvement ſi reglé d'une montre marque une intelligence qui en a ſi adroittement diſpoſé les roües & les reſſors ; mais qui en eſt entierement ſeparée. Ainſi dans les animaux il n'y a ny intelligence ny ame comme on l'entend ordinairement. Ils mangent ſans plaiſir, ils crient ſans douleur, ils croiſſent ſans le ſçavoir, ils ne deſirent rien, ils ne craignent rien, ils ne connoiſſent rien, & s'ils agiſſent avec adreſſe & d'une maniere qui marque intelligence c'eſt que Dieu les ayant fait pour les conſerver, il a conformé leur corps de telle façon qu'ils

évitent

évitent machinalement & fans crainte ce qui eft capable de les detruire , & qu'ils approchent fans amour de ce qui peut contribuer à leur confervation. Autrement il faudroit dire , qu'il y a plus d'intelligence dans le plus petit des animaux où même dans un feul grain de femence , que dans le plus fpiritüel des hommes; car il eft conftant qu'il y a plus de différentes parties & qu'il s'y produit plus de mouvemens reglez , que nous ne fommes capables d'en connoître.

Il n'eft point neceffaire de fortir de ce fyfteme que je viens d'établir pour donner une explication claire & diftincte de toutes les autres chofes les plus furprenantes que nous appercevons dans les animaux ce feroit paffer les bornes du temps de la conferance que je me fuis prefcrit que de l'appliquer à d'autres exemples que ceux que j'ay rapportés. Ceux qui entendront bien ce que j'en ay dit pourront facilement en faire l'application.

Si l'on vient par après à comparer

nôtre explication à celle des anciens
Philofophes, la nôtre paroîtra fans doute beaucoup plus raifonnable ; on n'ap-
perçevra dans celle-là qu'obfcurité &
confufion ; on n'y verra que de grands
mots de categorematique, que des termes myfterieux d'efpeces expreffes, im-
preffes, intentionelles, de facultez &c.
qui ne reveillent en nous aucune idée
d'inftincte & qui les fatisfont cependant,
eftant appuyez fur le fentiment d'Ariftote, dont la feule Autorité vaut mieux
chez eux que toutes les demonftrations
de Decartes. Ces Philofophes, dis-je,
font tellement accoutumez aux tenebres, qu'ils font même profeffion ou-
verte & declarée de vouloir les fuivre,
enforte qu'un habile d'entre eux declare
qu'il n'eft point neceffaire que les principes des chofes foient clairs & évidans,
que l'obfcurité même leur fied bien, &
que la facilité des principes de Decartes, fervoient à luy rendre cette Philofophie fufpecte, *ipfa facilitate fuf-
pecti,* Condamnons, Meffieurs des
fan-

santimens si ridicules, entrons dans des dispositions plus raisonnables qui sont de n'accorder jamais nôtre consentement, en fait de matiere de Philosophie, qu'à ce qui nous paroîtra clair, evident & démonstratif.

F I N.